[英]伊安·洛依德 /著　　汪淳波 /译

伊丽莎白·泰勒

1932~2011

百花文艺出版社
BAIHUA LITERATURE AND
ART PUBLISHING HOUSE

图书在版编目(C I P)数据

伊丽莎白·泰勒：1932~2011 / (英) 洛伊德(Lloyd,I.) 著；汪淳波译. ——天津：百花文艺出版社, 2012.5
书名原文: Elizabeth Taylor : 1932~2011 :
Queen of the Silver Screen
ISBN 978-7-5306-6115-4

Ⅰ.①伊… Ⅱ.①洛… ②汪… Ⅲ.①泰勒, E.(1932~2011)-传记 Ⅳ.①K837.125.78

中国版本图书馆 CIP 数据核字(2012)第 092550 号

天津市版权局著作权合同登记号图字:02-2011-211

百花文艺出版社出版发行
地址:天津市和平区西康路 35 号
邮编:300051
e-mail:bhpubl@public.tpt.tj.cn
http://www.bhpubl.com.cn
发行部电话:(022)23332651　邮购部电话:(022)23332478
全国新华书店经销
天津金彩美术印刷有限公司　印刷
*
开本 787×1092 毫米　1/16　印张 9　插页 4
2012 年 5 月第 1 版　2012 年 5 月第 1 次印刷
定价:52.00 元

Elizabeth Taylor

1932~2011

QUEEN OF THE SILVER SCREEN

目录 | *Contents*

简 介

"我是一位幸存者。人在经历多少磨难后还能幸存下来,我就是一个活生生的例子。"

（右图）美丽动人的伊丽莎白·泰勒,电影《象宫鸳劫》(1954)宣传照片。

伊丽莎白·泰勒的一生极不平凡，她以各种不同的身份向公众展示出无限的魅力。名誉荣耀通常都是过眼云烟，转瞬即逝，但是，伊丽莎白是一颗璀璨的恒星。1944年，她凭借在一部关于马的电影《玉女神驹》中的出色表演而一举成名，获得国际声誉。从此之后，在她一生中，她的电影生涯、她的美丽、她的婚姻、她的慈善事业、她对价值连城的珠宝的情有独钟，以及她与病魔无休止的抗争，都让她一直是公众关注的焦点。

作为一名演员，她曾经五次获得奥斯卡奖提名，并且两次荣获奥斯卡最佳女主角奖，获奖电影分别是《青楼艳妓》和《灵欲春宵》。与她合作过的导演包括约翰·休斯顿、约瑟夫·L·曼凯维奇、乔治·库克、文森特·明奈利和弗朗哥·泽菲雷里。她是田纳西·威廉斯和爱德华·阿尔比极富挑战性的作品最优秀的诠释者。20世纪70年代，她的电影生涯开始走下坡路，她又摇身一变，成了一名戏剧演员，出现在百老汇和伦敦的舞台上，她出演的戏剧包括《小狐狸》以及与理查德·伯顿联袂主演的《私生活》。

泰勒特别擅长重塑自己的形象。正当我们以为她要淡出公众的视野时，她马上又会卷土重来。70年代，她开始酗酒，体重变化无常，时胖时瘦。经过一段时间的努力，80年代中期，她又恢复了往日的风采，重新出现在世人的面前。后来，在90年代早期，她又经过一番努力，成功摆脱了对处方药和酒精的依赖。

直呼其名，全世界的人马上就知道是谁，这样的名人并不多见，伊丽莎白就是其中之一。多年来，"丽兹再婚"、"丽兹住院"之类的头条新闻屡

（左图）童星伊丽莎白在《玉女神驹》（1944）中的一个镜头。在这部电影中，12岁的伊丽莎白第一次抓住了观众的心，并且表现出她受用终身的表演技巧和明星气质。

见不鲜。1992年，为了参加纪念弗雷迪·墨丘利的音乐会，泰勒回到了希斯伍德，这条消息足以成为英国广播公司的午间新闻。她抵达温布利球场时，全场观众起立鼓掌致意。即使年逾六旬，她仍然能够令观众欢呼雀跃，为之倾倒。

当好莱坞大多数人对越来越严重的艾滋病危机避之不及的时候，泰勒却勇敢地迎接挑战，向世人宣传这场危机的严重后果。尤其是在她的挚友罗克·赫德森和设计师哈尔斯顿去世之后，她还设立了自己的艾滋病慈善基金。

她自己的私生活就像一辆感情的过山车，和七个男人结过八次婚，其中包括两位她钟爱一生的男人：迈克·托德和理查德·伯顿。她和伯顿的婚姻持续时间最长。作为伯顿夫妇，他们是60年代的时尚潮人，奢华富有，经常乘坐飞机周游世界。他们在公众场合大秀恩爱，行为惊世骇俗，他们终止了与玛格丽特公主、格蕾丝公主以及温莎公爵夫妇之间10年的友谊，同时自己也登上好莱坞的至尊宝座。

本书的第六章《丽兹与迪克》描述了伊丽莎白和伯顿的关系。其中还收录了一些两人私生活的珍贵照片。我们看到身为妻子的泰勒，和伯顿一起在游泳池边享受着慵懒闲适的生活；身为母亲的泰勒，自己带孩子，享受着天伦之乐；爱开玩笑的泰勒，在厨房里面对镜头尽情搞笑；作为朋友的泰勒，与马龙·白兰度和其他友人一起聚会。

伊丽莎白是最后的幸存者。在最后的岁月里，她一直在和病魔抗争。她曾经对一起被封为爵士的朱莉·安德鲁斯说："我已经老掉牙了。"然而，即使此时，她的表现仍然令人鼓舞，让世人感到她的生活热情丝毫没有减弱。曾经有人让她总结一下自己的人生哲学，她给出了一个地地道道的伊丽莎白·泰勒式的回答："当别人都说'她已经拥有了一切'，我的回答是——我不曾有过明天。"

（左上图）身为伯顿妻子和挚爱女人的伊丽莎白。泰勒和伯顿度假的照片，大约1967年摄于游泳池边。1964—1974年间，两人的婚姻生活激情四射，犹如暴风骤雨一般，但不可否认两人还是非常恩爱的。

（上图）在1992年的一场纪念皇后乐队主唱歌手弗雷迪·墨丘利的音乐会上，伊丽莎白作为一名艾滋病活动家发表演讲。在社会上大部分人还没有认识到这个问题时，伊丽莎白就勇敢地大声呼吁人们帮助艾滋病患者。

1

早年岁月

"妈咪,我想当演员,做一名电影明星!"

（右图）6 岁左右的伊丽莎白·泰勒。这张早年的照片显示出泰勒非常上相,颇具明星气质,预示了她有朝一日会成为全世界电影观众崇拜的偶像。

伊丽莎白·罗斯蒙德·泰勒于1932年2月27日出生在伦敦汉普斯蒂德。精确地说，是凌晨两点十五分出生于怀尔伍德路8号的希斯伍德。伊丽莎白生于英格兰，但父母都是美国人，所以一出生就拥有双重国籍。与威尔士人理查德·伯顿结婚时，她选择申请成为英国公民，并且声称："不是因为我不爱美国，而是因为我更爱我的丈夫。"

泰勒一生中频繁造访出生地，她总是带着十几个旅行箱，在各类工作人员、保镖、宠物、丈夫和孩子的簇拥下，浩浩荡荡地回到英国，而且几乎每次都住在她最喜爱的宾馆——伦敦都切斯特宾馆中她最喜欢的套房——奥利弗·梅塞尔套房。她每次都要在机场举行记者会，有一次有记者问她回到英国感觉如何，她回答道："太棒了！可别忘了我出生在这里！"后来，在2000年，泰勒被英国女王伊丽莎白二世封为大不列颠帝国爵士，当时这位永恒的明星曾经说道："毫不夸张地说，这是我一生中最激动的一天。"

泰勒继承了家族的名字——伊丽莎白是她奶奶和外婆的名字，罗斯蒙德是她奶奶娘家的姓氏。全球报纸的头版都喜欢用她名字的缩写"丽兹"称呼她。对此伊丽莎白一生都很讨厌。她有一次评论说："了解我的人或者希望更多地了解我的人肯定都不会叫我丽兹，他们都会叫我伊丽莎白。"

伊丽莎白的父亲弗朗西斯·泰勒是一个小有成就的艺术品商人，妈妈萨拉·沃恩布罗狄特有短暂的舞台经历，当时名叫萨拉·萨森。与他们唯一的女儿相比，他们的事业简直不值一提。伊丽莎白两次荣获表演艺术最高

(上页)伊丽莎白·泰勒幼年时期的照片，摄于30年代中期。后来，她把早年在英国的生活称作她"童年最快乐的日子"。

(下图)伊丽莎白·泰勒的出生地和幼年时期的家：伦敦北部汉普斯蒂德花园郊区的"希斯伍德"。这幢乔治亚风格的房屋是建筑设计师马修·道森1926年设计的，内有6间卧室和仆人的生活空间，还有一个网球场。在泰勒家搬进来之前属于艺术家奥古斯塔斯·约翰。2008年，"希斯伍德"在30年中第一次被出售，要价650万英镑。

术收藏家,是萨拉家的好朋友,他们俩都经常接济这家小两口。据说伊丽莎白和霍华德上学的费用都是卡扎勒特给的。

伊丽莎白上的是伦敦北部海格特的拜伦·豪斯学校。她的老师玛丽·梅森回忆说:"她并不是一个出色的学生,但是非常招人喜欢。"

泰勒的传记作者有一个很头疼的问题,米高梅公司的宣传人员总喜欢把旗下所有的明星都渲染得天花乱坠,伊丽莎白也不例外。她在伦敦的童年时光经过他们的改写,变成了安逸舒适的贵族生活,还与皇室成员频繁交往。她后来声称,自己从未给国王表演过,但是可以肯定的是,她曾经在瓦卡尼舞蹈学校的一场慈善募捐会上为年轻的伊丽莎白公主、玛格丽特公主和她们的母亲约克公爵夫人表演过。她在1963年写的一本回忆录中,提到了在那场皇家盛会上的表演,认为她对舞台和娱乐表演的挚爱正是源自这次经历。她写道:"那是一个美妙的时刻,孤零零地站在舞台上,宏大的场面,那种空间感,无限的空间感,灯光,音乐——然后是雷鸣般的掌声,振聋发聩,让你成为万众瞩目的焦点。"

1939年春天,人们感到英国和德国之间的战争似乎一触即发。萨拉执意全家迁往美国加州,霍华德·扬也表示支持,并且打定主意卖掉了伦敦的艺术画廊。

4月3日,萨拉带着霍华德和伊丽莎白乘坐"SS曼哈顿"号轮船去往美国。弗朗西斯暂时留在伦敦处理善后事宜。有人传说,在8天的航行中,泰勒看了好莱坞著名童星秀兰·邓波儿主演的电影《小公主》。电影结束后,7岁的伊丽莎白转过身小声对妈妈说:"妈咪,我想当演员,做一名电影明星!"当然,这是米高梅公司的版本。泰勒自己曾经直言不讳地说过:"那时我从未想过什么职业生涯,都是别人强加给我的。"

(右图)秀兰·邓波儿在《小公主》(1938)中扮演一名洗碗工。人们传说,邓波儿的表演对小伊丽莎白产生过重大影响,让她也渴望成为一名演员。

2

少年成名

"我想快一点得到这一切，因为我不想让上帝停下来考虑，我得到的是否比我应得的更多。"

——《玉女神驹》中维尔维特·布朗的台词

（右图）一颗冉冉升起的童星。电影公司官方照片，摄于 1944 年《玉女神驹》拍摄期间。

泰勒家搬到加利福尼亚 1 年之后，维克多·卡扎勒特给萨拉写了一封介绍信，把她介绍给自己的朋友，专栏作家赫达·霍珀。两位女人安排了一次会面，伊丽莎白也被带去，名义上是为她们的晚餐唱歌助兴。

多年以后，霍珀回忆说，这个 8 岁的小女孩儿"像春天的日子一样天真可爱。她妈妈满心期待地把她带到我家，我一开始就喜欢上她，而且对她充满怜爱"。霍珀是一名很有影响的记者，她一眼就看出了萨拉的心思。泰勒夫人显然希望利用女儿实现自己未竟的演艺事业。霍珀写道："她从来没有机会在百老汇演出过，她希望通过孩子重新得到机会，过上梦幻奇妙的生活。"

同时，弗朗西斯·泰勒在日落大道的贝弗利山庄宾馆开了一家艺术画廊，很快吸引了一批高级顾客，包括电影公司的雇员及其家属。其中有一位正是环球影业公司总裁约翰·奇弗·考丁的妻子。有一天，考丁夫人碰巧到画廊来看看，当时萨拉和伊丽莎白也在里面。头脑灵活、野心勃勃的萨拉马上邀请马丁夫妇喝茶，当然时年 9 岁的伊丽莎白被顺理成章地推荐给了这位电影公司的老板。萨拉的策略终于成功了。1941 年 4 月 21 日，伊丽莎白与环球影业签约，并且在当年夏末开始参与拍摄《每分钟出生一个孩子》。她在这部影片里扮演一个毫无魅力的小玩童，很不幸，这是一个非常不合适的角色。泰勒后来回忆说，"她要用橡皮圈弹女士的屁股"。

环球影业对她的表演很不满意，并且很快与她解约。伊丽莎白的电影生涯才刚刚起步便戛然而止，直到 1942 年夏天的另一场神奇的巧合（或许是米高梅公司改写的历史）。一天晚上，为了预防空袭，弗朗西斯·泰勒与邻居塞谬尔·马克斯在贝弗利山庄值班。马克斯碰巧还是米特罗电影制片公司的制片人。

（左图）《战火历险记》（1946）是 14 岁的伊丽莎白·泰勒拍摄的第二部关于女孩儿和爱犬的电影。在上一部电影《灵犬莱西》（1943）中，她扮演的普里西拉只是一个小角色，而这次她得到了自己电影生涯中的第一个主角。

马克斯说他遇到一个麻烦，他想找一个带英国口音的女孩儿与童星罗迪·麦克道尔一起演《灵犬莱西》，这部电影订于秋季开拍。罗迪·麦克道尔比伊丽莎白·泰勒大4岁，同样出生于伦敦，后来成了伊丽莎白最亲密的朋友。

在2000年的一次采访中，泰勒回忆起当年试镜的情景："我成功地走了出来：'可怜的莱西，可怜的女孩儿。'我得到了这个角色，仅用了两周就拍完了我的戏份。然后，他们和我签了18年！"

伊丽莎白是一位天生的演员。她曾经说："我有超凡的想象力，很快就能进入角色，简直是小菜一碟。"

她的下一个角色是《简·爱》中虔诚的海伦·彭斯。这是一个很小的角色，海伦在电影一开始就因为肺病在劳伍德学校悲惨地死去了。

电影生涯正式起步，泰勒的童年渐渐失去了。她后来曾经问道："我为什么失去了这么多？我什么时候做过孩子？"

（上图）伊丽莎白·泰勒的第一部电影是环球影业公司拍摄的《每分钟出生一个孩子》（1942）。年仅9岁的伊丽莎白·泰勒扮演一个淘气的小女孩儿。这也是她在环球公司拍摄的唯一一部电影，1年之后她被公司解雇了。

她的教育也很糟糕。半个世纪后，她曾经回忆道："说起拍电影时所受到的教育，他们倒是有一个小隔间。你有自己的老师，但最多只能待 10 分钟。所以你得很快把一些知识塞进脑子里，然后赶紧去摄影棚，念完台词，又回去接着学，然后又马上进入角色。实在不容易。我不知道为什么我们不是一群精神分裂症患者——其实很多人就是。"

多亏了米高梅公司的宣传，外界一直视泰勒为一名模范学生。摄影师为她拍了很多读书学习的照片。1950 年 1 月，电影公司还为她举办了一场毕业典礼，泰勒在一所她从未上过学的学校里，头戴毕业帽，身穿毕业服，身边围了一圈她从未谋面的同学。

1944 年，泰勒与米基·鲁尼主演《玉女神驹》，她扮演了女主角维尔维特·布朗，这个角色让 12 岁的泰勒一跃成为国际影星。影片中，布朗得到了一匹桀骜不驯但是很有天赋的马，名叫"派"，她决定训练这匹马，参加国家大赛——英格兰最为著名的全国越野障碍赛马。她女扮男装，最终赢得了比赛。

安杰拉·兰斯伯瑞也是一位英国出生的影星，现在因其在美国侦探类电视连续剧《她书写谋杀》中的出色表演而享有盛誉。当年，她在《玉女神驹》中扮演维尔维特的姐姐爱德温娜。她后来回忆道："即使在那个时候，她的气质就已炫目逼人。她长着一双紫蓝色的眼睛，头发乌黑，脸蛋儿上有点雀斑，一副清纯自然的模样，她是我见过的最富有魅力的小女孩儿。"

在泰勒的一生中，她那双紫蓝色的眼睛一直是人们热议的话题。电影评

（上图）泰勒在《简·爱》（1944）中扮演了悲剧角色海伦·彭斯，这是一个无名的小角色，戏份很少。图中是她和扮演少年简·爱的佩吉·安·加纳。

（右图）尽管年龄很小，泰勒的眼睛非常美丽，深蓝中透着紫色，给人一种幼小的身体中蕴含着成熟心灵的印象。据其传记作家亚历山大·沃尔克说，环球公司为她试镜的导演抱怨说"她的眼睛太老，她的脸不像小孩"。后来，这个特征成了她表演生涯的巨大资本。

（上页）在电影《多佛绝壁》（1944）中，泰勒扮演了一个小角色，农场主的女儿贝茨·肯尼。图中，她在一节地理课上，让学生们注意美国西海岸。这部战时拍摄的电影中还有一位童星，泰勒的终身好友罗迪·麦克道尔。两人还一起拍过《灵犬莱西》（1943）。

（左图）1950 年 1 月 26 日，17 岁的伊丽莎白·泰勒在接受洛杉矶大学高中毕业证书之前与"同学们"交谈。这张精心杜撰的宣传照片把泰勒拍摄成一名模范学生的形象。其实她从没有上过这所学校，只是在米高梅公司开办的学校里接受过有限的教育。后来，她曾经抱怨自己缺乏正式教育。

论员戴维·斯特拉顿曾经写道："在官方招待会上，我被引见到她的面前，她那双著名的紫色眼睛顿时令我目瞪口呆。我从未见过，也再没有见过这种颜色的眼睛。我不相信电影观众们曾经欣赏到过如此迷人的眼睛。"泰勒本人曾经表示："我的眼睛并不是像宣传的那样是紫色的，而是取决于我穿的衣服而呈现出不同的颜色。"

在《玉女神驹》取得巨大的成功之后，泰勒拍摄了另外一部有关动物的电影《战火历险记》。她在青春期拍摄的其他电影，诸如《伴父生涯》（华纳兄弟）、《玉女嬉春》、《玉女倾城》在当时都曾轰动一时，但现在大多被人们遗忘了。泰勒在 40 年代拍摄的最后一部电影是《小妇人》，她在影片中扮演的是自命不凡的埃米，戴着一顶令人厌烦的草莓金色假发。她后来评价这个角色说："我喜欢扮演恋爱中的少女角色。"这句话提醒人们泰勒自己的爱情生活开始萌芽，而且人们发现她的爱情之路充满了坎坷与变故，超出了任何剧作家的想象。

决定泰勒应该与异性交往的不是天性而是米高梅公司。米高梅安排她与英俊潇洒的格林·戴维斯约会，戴维斯长着赤褐色头发，是一位全美橄榄

(上页)《玉女神驹》(1944)拍摄现场。英姿飒爽的泰勒抬头听摄影师讲下一个镜头的拍摄。泰勒4岁开始骑马,电影中骑马的动作和许多特技都是她自己完成的,但是有一次她在拍摄时从马背上摔下来,背部受伤,差点儿毁了她的后半生。

(左上图)伊丽莎白·泰勒在米高梅公司摄影室试服装。

(左下图)奔向成功。这是一张《玉女神驹》(1944)中的彩色剧照。泰勒扮演的年轻骑手维尔维特·布朗骑着她忠实的赛马奔驰。

（左图）伊丽莎白·泰勒早年就投身慈善事业。1946年1月，在华盛顿特区，她与小富兰克林·D·罗斯福和哈利·S·杜鲁门夫人贝丝一起参加哥伦比亚广播公司为优生优育基金会制作的广播节目，该基金会是一家致力于保护婴儿健康的慈善机构。

（右图）16岁的伊丽莎白·泰勒和妈妈萨拉，1947年摄于英格兰南安普顿港。萨拉为了伊丽莎白进入好莱坞而做出的不懈努力终于取得了成功，泰勒作为一位著名影星回到了她出生的国家。

球运动员，刚刚从西点军校毕业。在伊丽莎白的电影生涯中，母亲萨拉一直为女儿做主，对她而言，女儿的婚姻大事似乎同样已经大功告成。她在描述戴维斯时写道："当我看到那张真诚帅气的脸庞，我就想：'这就是她的白马王子。'我感到如释重负。"泰勒夫人活到了98岁的高龄，也许习惯了如释重负的感觉，因为每一次女儿都带回家一个"白马王子"。

　　后来，戴维斯出国参加了朝鲜战争，临走之前，他送给伊丽莎白一串由69颗人工养殖的珍珠组成的项链，这是她收到的第一件珠宝礼物。1949年3月，伊丽莎白在参加她的舅爷霍华德·扬位于佛罗里达州星岛家中的晚宴时，经人介绍认识了头发乌黑的富家子弟威廉·波利，开始了另一段更为真实的恋情。

　　当时，波利28岁，比伊丽莎白大11岁。他英俊潇洒，风流倜傥，魅力十足，不仅非常富有，而且聪明过人，17岁的伊丽莎白一头坠入了情网。

　　就在此时，戴维斯带着订婚戒指飞回佛罗里达。在米高梅精心安排的媒体拍照会上，伊丽莎白扮演了一位痴情的女友，迎接英雄男友凯旋。然而，在私下里，她表情冷淡漠不关心，戴维斯对此迷惑不解，非常伤心地回到了洛杉矶。但是他还是最后一次在伊丽莎白的生活中扮演重要角色，就在那个

(上页)米高梅公司三位小影星的合影。珍妮特·利、琼·阿利森和伊丽莎白·泰勒在《小妇人》(1949)拍摄期间尽情欢唱。

(左图)伊丽莎白·泰勒与三条狗嬉戏,摄于1947年左右。伊丽莎白终身爱狗,尤其是京巴儿犬和马耳他犬。据说她曾经说过:"我最好的男主角中有一些是狗和马。"

(下图)头戴金色假发的泰勒(右),在米高梅公司改编的路易莎·梅·奥尔科特的作品《小妇人》(1949)中扮演自视过高的老三埃米。为了让鼻子更加挺直,她在鼻子上戴了一个夹子。躺在她左边的是扮演她妹妹贝思的玛格丽特·奥布莱恩。与小说有所不同,小说中贝思比埃米大1岁。

(上页)泰勒与米高梅公司批准的男友,西点军校的格林·戴维斯中尉。1949 年 3 月 24 日,两人在参加好莱坞奥斯卡颁奖典礼时的合影。

(左图)结束了与格林·戴维斯的短暂交往之后,泰勒与小威廉·D·波利订了婚。这是两人1949 年 6 月 7 日在他父亲佛罗里达州的家中的合影。泰勒后来取消了婚约,因为波利坚持要求泰勒婚后放弃电影事业。

月底,不知道出于什么原因,他勉强接受了米高梅公司的建议,陪伴伊丽莎白参加当年的奥斯卡颁奖典礼。

与此同时,波利和伊丽莎白的关系越来越亲密。1949 年 5 月,他送给她一枚 3.5 克拉的祖母绿独粒钻石戒指,价值足有 16000 美元。在米高梅公司组织的另一场媒体拍照会上,泰勒把她的戒指称作"一块不错的冰"。

波利坚持要求泰勒放弃电影生涯和他一起生活,两人的关系因此逐渐淡漠,最后彻底破裂。由于即将接受两部片约,泰勒断然拒绝了他的要求。

泰勒去世后,两人的罗曼史再一次成为了头条新闻。4月初,有消息说,当年 17 岁的泰勒写给波利的 66 封情书将于下个月公开拍卖。果然不出所料,这些信写得生动活泼,激情洋溢:"在我一生中,我从未爱一个人超过爱你的三分之一,永远也不会。(怎么说呢?就这件事而言,我永远不会再爱别人了——句号)。"

她还拒绝了霍华德·休斯的花言巧语。休斯富可敌国,但性情古怪,他承诺如果伊丽莎白嫁给他,他就把她的电影公司买下来送给她。萨拉欣喜若狂:"我觉得好像是在做梦。"但是,伊丽莎白却惊恐不已,她告诉妈妈:"我不想和他有任何关系。我不在乎他有多少钱。"

至此,伊丽莎白对妈妈干涉自己生活的厌恶感与日俱增,大约就是在这段时间里,曾经说她是"一个讨厌鬼"。三年前,也就是这个女孩儿,当时才 14 岁,告诉神通广大的米高梅公司老板路易斯·B·迈耶"让你和你的公司见鬼去吧。"如今,17 岁的伊丽莎白终于证明自己有足够的能力对付那些求婚者、电影公司老板和她那野心勃勃的妈妈。

3

妻子、母亲
与朋友

"我'砰'的一声从粉红色
的云彩上跌落下来。"

(右图)1951 年的伊丽莎白。与康拉德·希尔顿的婚姻彻
底结束之后,她的私人生活跌入低谷,而银屏生涯即将
登上一个令人目眩的顶峰。

1949 年,17 岁的伊丽莎白·泰勒成为"好莱坞最优秀的女演员"。到 1957 年的时候,她已经两次结婚,两次离婚,并且是两个儿子的母亲。

50 年代初是她演艺事业发展的另一个重要阶段。和许多儿童演员不同,泰勒非常轻松地完成了向成年角色的过渡。她在 40 年代扮演的最后一个角色是《小妇人》中傲慢无礼的埃米,在 50 年代的第一个角色是在电影《玉女情魔》中扮演的 38 岁的罗伯特·泰勒的妻子。尽管这部电影票房一败涂地,但是《综艺》杂志评论道:"她实现了一次华丽的转身。"

伊丽莎白的下一个角色是电影《岳父大人》中大名鼎鼎的巴克利·邓斯坦的准新娘凯·班克斯,这是一个顽皮嬉闹的角色。影片中史宾塞·屈赛扮演泰勒的爸爸斯坦利,在女儿订婚和婚礼之间的几周中,费劲周折,解决了一连串的麻烦和冲突,毫不费劲地抢到了大量的镜头。

在伊丽莎白的生活中,现实生活与好莱坞虚构的故事经常交织在一起。1949 年末,她遇到并且迅速爱上了 23 岁的康拉德·尼古拉斯·希尔顿(尼基)。尼基的爸爸老康拉德刚刚与演员莎莎·嘉宝离婚。尼基还是 21 世纪的社交名媛帕里斯·希尔顿和妮基·希尔顿的叔公。

伊丽莎白生活中的这位新男人是一个不负责任的花花公子,生活事业

(右图)在电影《玉女情魔》中,伊丽莎白扮演罗伯特·泰勒的妻子,这是她电影生涯中的第一个成人角色。尽管这部影片票房很惨,但是她的表演还是受到了好评。

(左图)在电影《岳父大人》中,伊丽莎白·泰勒与爸爸(史宾塞·屈赛扮演)一起走过教堂的过道。经过一场巧妙的公共策划,这部电影的发行日期定在她现实生活中与康拉德·希尔顿的婚礼两周之后。

莎白正式提出了离婚申请,理由是"极度的精神虐待"。1951 年 1 月 29 日,两人正式解除婚姻关系。伊丽莎白的第一次婚姻仅仅维持了 9 个月。

就在伊丽莎白的私人生活痛苦不堪之际,她的银屏生涯却即将登上一个前所未有的高度。1949 年末,伊丽莎白和希尔顿刚刚确立恋爱关系的时候,开始拍摄《郎心如铁》。这是一部根据西奥多·德莱塞的小说《美国悲剧》改编的影片,由乔治·史蒂文斯执导,原计划于 1950 年发行。但是为了避免与另一部大肆炒作的奥斯卡奖热门大片《日落大道》相冲突,该片被雪藏了1 年。事实证明耽搁一年还是值得的,史蒂文斯又花费了大量的时间对影片进行了精心编辑。最终该片获得了 6 项奥斯卡大奖,史蒂文斯也如愿获得了 1 项。而在前一年,《日落大道》尽管获得了 11 项提名,但最终仅得到了 3 项奥斯卡奖。

泰勒后来透露,在这部与蒙哥马利·克里夫特联袂主演的影片中,她扮演一名上流社会的女孩儿安杰拉·维克斯,蒙哥马利扮演乔治·伊斯特曼,这个角色使她重新看待自己的表演风格。一直以来,她依赖于本能的表演方法,而"蒙蒂"则是体验派的忠实信徒。

泰勒在拍摄这部偶像派电影的 50 年后曾经说过:"《郎心如铁》是我拍过的最好的影片之一。"当时年仅十几岁的泰勒很快意识到自己幼稚的行为与搭档极度投入的表演方法很不和谐。"我在拍摄现场装腔作势地表演着,把所有的人都逼得发疯……但是当我看到蒙蒂做准备的时候,不禁想道:'上帝啊,拍电影并不总是闹着玩儿的。'我想那是因为我第一眼看到他时就看出他是多么投入。"

泰勒和克里夫特在表演中含情脉脉,而在银屏之下,伊丽莎白也逐渐产生了一种母性的情愫。后来她在与搭档们和丈夫们相处期间,这种情愫表现得非常明显,尤其是对理查德·伯顿。她有一种天生的欲望,安抚甚至像母亲一样地去关爱那些心灵脆弱的男人。克里夫特酗酒成瘾,滥用处方药,暗地里还是同性恋,自然而然地成为第一位她抚慰的对象。他的体验派表演让她感到非常着迷,她也深知这种表演方法对于像他这样一个性格敏感的人是多么危险。

"我曾经劝他说:'别这样对你自己了,这个场景拍完了,你得放松一下。'我会抱着他,在电影中我只有 17 岁,有时候我却好像比他年龄还大。"

雪莉·温特斯在影片中扮演泰勒的情敌,她 1985 年曾经回忆道:"《郎心如铁》是伊丽莎白拍得最好的影片。她既有深度又很单纯,实在了不起。"

伊丽莎白与蒙哥马利在银屏之下也成了朋友。1956 年 3 月,参加完泰勒家的一场聚会后,蒙哥马利在开车回家的路上,汽车转向过急,撞到了路边的一根灯柱上,头部严重受伤。45 年之后,泰勒回忆道:"从我家走后,他遭遇了一场我平生见到的最惨烈的车祸。我第一个赶到车祸的现场,把他的头从方向盘上拉了出来。也许我不应该碰他。"严重撞击之后,蒙哥马利的头部肿得很厉害,泰勒注意到他的眼里充满了鲜血。

"他努力想说什么,我不停地问他:'你说什么,亲爱的? 你想说什么,宝

（左图）伊丽莎白与斯坦利·多南。斯坦利是她第一次离婚后与她约会的众多男性之一。

贝？'最后,我终于听懂了,他的意思是:'你能把我的牙齿'拔出来吗？'"他的两颗牙齿穿透了舌头,泰勒帮他把牙齿拔了出来。对两人而言,这都是一件十分恐怖的经历。救护车晚了 45 分钟,她后来想起来还心有余悸:"简直是一场噩梦。"

与希尔顿的婚姻破裂之后,泰勒曾经和几位好莱坞的同行约会,其中包括摄影师斯坦利·多南。在英国拍摄《劫后英雄传》期间,她迷上了比自己大二十岁有余的迈克尔·威尔丁。威尔丁英俊潇洒,是女影迷崇拜的偶像。

威尔丁是位典型的英国绅士,成熟稳重,阅历丰富,颇有教养,与尼基·希尔顿截然相反。泰勒似乎一下子从波涛汹涌的大海里掉进风平浪静的水里,她觉得威尔丁不仅是一位理想的丈夫,还是她渴望已久的孩子的理想父亲。

她返回加州之后,威尔丁 1951 年 12 月从英国飞过来看望她。两人在洛杉矶罗曼诺夫餐厅共进晚餐时,泰勒请求他和自己结婚。他送给她一颗红宝石钻戒,本意是作为两人友谊的象征。他后来回忆道:"我握住了她的右手,

(下图)泰勒与希尔顿家族财产继承人的婚姻只维持了 205 天。两人见面讨论离婚细节。尼基准备在两人解除婚姻关系之后马上与新任未婚妻贝茨·冯·弗斯滕伯格结婚。

但她把手拿开，把戒指戴在了左手的第三个手指上，并且说："应该戴这儿'。"欣赏完戒指，伊丽莎白亲吻了威尔丁，然后问他："亲爱的优柔寡断先生，你愿意娶我吗？"

至此，"优柔寡断先生"显然已经别无选择了。1952 年 2 月 21 日，他们在伦敦卡克斯顿大厅婚姻登记处举行了一个十几分钟的结婚仪式。6 天之前，英国国王乔治六世的葬礼刚刚结束，英国的首都还沉浸在悲痛之中。尽管如此，婚姻登记处周围的街道上仍然聚集了上千名影迷和记者。一名记者费尽周折挤到伊丽莎白的跟前，问她如何看待两人之间 21 岁的年龄差距。她满怀信心地回答说："迈克尔内心还只是一个孩子。"

不到一年后，1953 年 1 月 6 日，伊丽莎白剖腹产生下了迈克尔·霍华德·威尔丁。1955 年 2 月 27 日，伊丽莎白在自己 23 岁生日当天也是通过剖腹产生下了第二个儿子克里斯托弗·霍华德·威尔丁。

泰勒脾气急躁，而威尔丁性情温和，两人的婚姻肯定会出问题。刚刚摆脱了一个虐待妻子的丈夫，泰勒似乎还想让现在的丈夫打她。有一个很典

(上图)在纽约宫殿大剧院的后台，伊丽莎白亲吻朱迪·嘉兰，祝她演出成功。当天晚上，陪伴她的是好友兼搭档蒙哥马利·克里夫特(右一)。

（左图）拍摄《郎心如铁》期间，泰勒与蒙哥马利·克里夫特成为终身挚友。

（右图）克里夫特和泰勒在拍摄《郎心如铁》的现场取暖。蒙哥马利这样敏感的男人对伊丽莎白颇具吸引力，他酗酒、吸毒，暗地里还是个同性恋。两人在银屏之外成为了亲密的朋友。

（下图）克里夫特和泰勒在电影《郎心如铁》中的剧照。

（左图）伊丽莎白令人叹服的海报照片，1952 年摄于好莱坞的一个游泳池边。

（右图）泰勒与迈克尔·威尔丁。迈克尔比泰勒大二十多岁，是一位偶像级的演员。他送这颗硕大的红宝石钻石戒指的本意是作为两人友谊的象征。但是伊丽莎白却把它戴在婚戒的指头上，并且在晚餐时向他求婚。

（左图）泰勒与詹姆斯·迪恩在电影《巨人传》（1956）拍摄现场。她又一次为这种难以相处而历经磨难的男人所吸引，两人也成了很好的朋友。

（右图）伊丽莎白与《巨人传》中的两位男主角詹姆斯·迪恩（左）和洛克·哈德森（右）都成了好朋友。但是他们两人之间却关系紧张，伊丽莎白经常需要缓解两人之间的麻烦。

（下图）一位警察正在检查蒙哥马利·克里夫特的汽车。1956年，在洛杉矶，蒙哥马利·克里夫特参加完泰勒和威尔丁夫妇家的聚会后，开车撞上了一根路灯柱，头部严重受伤。伊丽莎白第一个赶到了这场恐怖车祸的现场。

4

接三连四

> "迈克尔死了,我还活着。你指望我怎么办?独守空房?"

(右图)拍摄《夏日惊魂》时的泰勒。

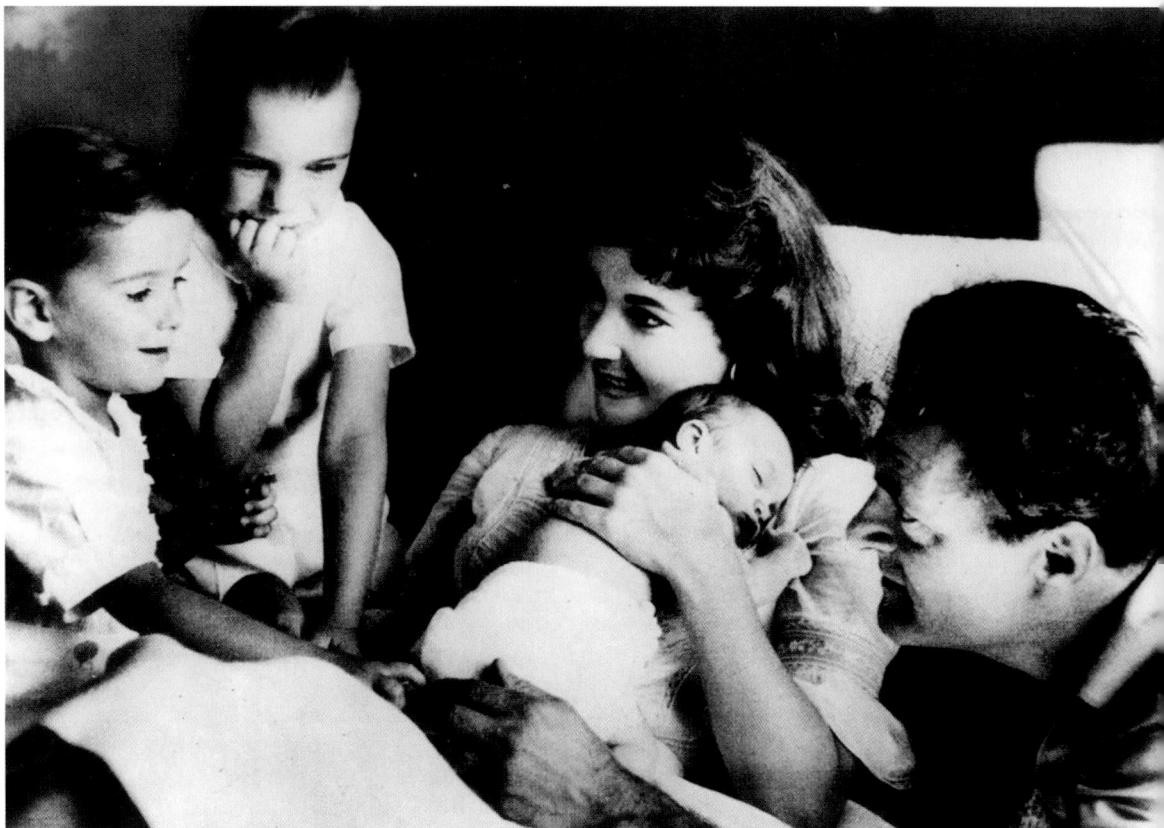

毫不奇怪,伊丽莎白苏醒过来发现后,感到"十分震惊"。

　　1958 年 3 月 22 日,托德乘坐"幸运丽兹"号私人飞机飞往纽约领取修士俱乐部颁发的年度人物大奖,颁奖仪式将在华尔道夫—阿斯多里亚酒店举行。泰勒原计划陪他一起去,但是临行前患上了肺炎,高烧 43 度,无法与丈夫同行。

　　后来她回忆说,托德和她告别了五次,每一次走到门口却又跑回来拥抱她一次。

　　托德的飞机在飞往东部海岸的途中遭遇雷雨,坠毁爆炸。托德的遗体被烧得面目全非,只能凭借结婚戒指辨认他的身份。这枚戒指后来被送给了他的遗孀。次日凌晨六点,秘书和医生走进了泰勒的卧室,告诉了她这个不幸的消息。就在他们走近她的床边时,她突然意识到发生了什么,大声尖叫:"他没有!他没有!"她和托德的婚姻生活仅仅过了 414 天。

　　托德去世的时候,伊丽莎白正在与保罗·纽曼搭档拍摄《热铁皮屋顶上的猫》,这是她最喜欢的一部电影,也是她连续四次获奥斯卡奖提名影片中的第二部。1958 年春天,她因与蒙哥马利·克里夫特联袂主演的《战国佳人》第一次获得奥斯卡奖提名。1959 年、1960 年、1961 年,她又连续三次因为在《热铁皮屋顶上的猫》《夏日惊魂》和《青楼艳妓》中的出色表演而获得奥斯卡最佳女主角提名。

(上图)伊丽莎白与迈克尔·托德的家庭照片。伊丽莎白怀中是他们刚刚出生的女儿伊丽莎白·法兰西斯,旁边是伊丽莎白第二次婚姻中生的两个儿子,克里斯托弗·威尔丁和迈克尔·威尔丁。

(右图)新婚的伊丽莎白·泰勒在家中手捧一只小鸭子。这是 1957 年 4 月她为《人与人》杂志拍摄的照片。

泰勒只请了两个星期的假,与哥哥霍华德和嫂子一起小住了数日,便重新投入工作,继续拍摄根据田纳西·威廉斯的剧本改编的电影。后来她曾经说,丈夫的意外去世让她悲痛欲绝,甚至导致她说话结巴。不知道什么原因,只要她改用南方口音,马上就不结巴了。

她再一次发现她出自本能的表演风格与保罗·纽曼极度投入的体验式表演很不协调。谈到自己的表演方法,她曾经对一位采访者说:"只要摄像机一打开,我的体内就好像发生了某种变化——我就可以全力以赴地投入拍摄,但是排练的时候,我知道这一切都不是真的,所以很难投入。"

保罗·纽曼对此感到非常困惑,他曾经找导演理查德·布鲁克斯商量,并且问他:"理查德,她就这样表演啊?"布鲁克斯向他保证说:"别担心,保罗,你等着瞧吧!"

(上页)泰勒在 1957 年发行的电影《战国佳人》中的剧照。

(下图)泰勒乘坐的飞机在墨西哥降落时导致她背部严重受伤。丈夫迈克尔·托德焦急地看着妻子被抬上担架送往医院。

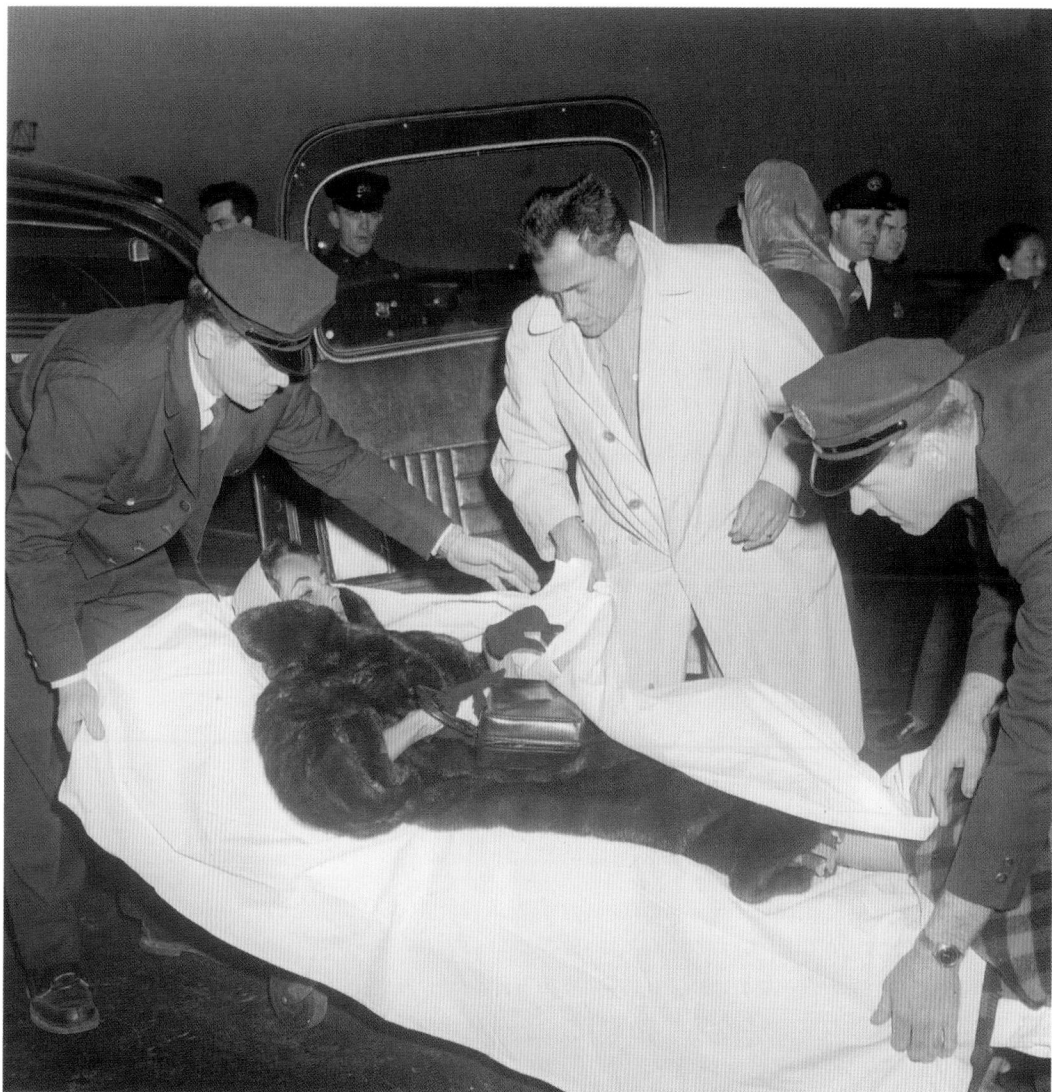

美国的媒体坚定地站在无辜的妻子雷诺兹一边。在 1959 年的一次采访中,她承认自己的婚姻出现了危机,费舍尔出轨只是个时间的问题。她说:"我知道他会找别的女人,但我绝对没有想到会是伊丽莎白。"

泰勒从未惧怕过媒体,她为费舍尔举办了一场派对,帮助他推介他的新电视剧。据某位专栏作家报道,她把这场派对称之为"你们都滚蛋派对"。她还激怒了赫达·霍珀,告诉她:"迈克尔死了,我还活着。你指望我怎么办——独守空房?"

与此同时,泰勒还拜访了好莱坞的以色列神庙,并且皈依了犹太教,取犹太名伊丽沙巴·雷切尔。费舍尔和托德都信奉犹太教,但是当时伊丽莎白坚持说,改信犹太教是她多年的夙愿,与她的婚姻无关。伊丽莎白生活中任何值得关注的行为都会成为报纸的头条新闻。她改变信仰的新闻刚刚发布,阿拉伯联盟马上在中东和非洲的所有阿拉伯国家禁止上演她的电影。后来,她出演尼罗河皇后克莱奥帕特拉,这些国家又很快解除了禁令。

1959 年 5 月,泰勒与费舍尔结婚。很快,两人开始拍摄《青楼艳妓》,这是泰勒最不喜欢的一部影片。她声称是米高梅公司"用枪顶住她的太阳穴"逼她拍的。"自始至终,我没有和导演丹尼尔·曼交流过,"她又一次与体验派导演发生了争执。该片中有一个令人难忘的镜头,她扮演的银屏角色格

(上页)伊丽莎白·泰勒在电影《热铁皮屋顶上的猫》的拍摄现场与保罗·纽曼、杰克·卡森、玛德琳·舍伍德、朱迪丝·安德森的合影。

(下图)1957 年 6 月,泰勒与托德在埃普森赛马会上,后面是他们的朋友艾迪·费舍尔与黛比·雷诺兹夫妇。四个人是好朋友,但黛比·雷诺兹无论如何也想不到伊丽莎白很快就要"偷走"她的丈夫。

丽娅用口红在镜子上写下"不卖"两个大字。拍完以后,她也模仿格丽娅,在摄制组所有成员的面前,走到摄影棚的镜子跟前,写下了四个鲜红的大字"一堆狗屎"。

　　泰勒与费舍尔的婚姻维持了不到五年。1964 年 3 月两人不欢而散之后,泰勒拒绝对费舍尔做任何评价,并且从此以后,平常在采访中心直口快的泰勒不允许记者再提到他。费舍尔 2010 年 9 月死于臀部手术并发症,六个月零一天之后,泰勒也离开了这个世界。她也许选择忘记了这位第四任丈夫,但是并没有忘记他们共同的宗教信仰。在她去世后的第二天,根据犹太教义,家人为她举办了一个私人犹太教葬礼,由拉比杰瑞·卡特勒主持。

(左上图)伊丽莎白从纽约第 55 大街的蓝色天使酒吧溜出来。她刚刚与歌手艾迪·费舍尔在此喝了一个小时的香槟。当两人听说摄影记者正等在门外,于是便分别离开了酒吧。

(左下图)艾迪和伊丽莎白听说艾迪的妻子黛比·雷诺兹同意"尽快"离婚,为他们结婚提供方便,感到欣喜若狂。两家原本是很好的朋友,迈克尔死后,艾迪曾经安慰过伊丽莎白。

(右图)泰勒不久前接受了犹太教,1959 年 5 月 12 日,也就是迈克尔·托德因飞机失事去世的 15 个月之后,她与费舍尔在拉斯维加斯结婚,婚礼是两名犹太教拉比主持的。

（左图）电影《夏日惊魂》海报，也是泰勒最著名的形象之一。这张海报就是本片的一张剧照。泰勒在该片中与凯瑟琳·赫本和蒙哥马利·克里夫特联袂主演，又一次获得了奥斯卡奖的提名。伊丽莎白在电影中扮演少女凯瑟琳·霍利，凯瑟琳在假期中亲眼目睹了堂兄塞巴斯蒂安被人谋杀，导致精神崩溃。她在影片结束时描述了谋杀的真相，她那戏剧性的独白至今令人难忘。

（右图）泰勒在飞往罗马的飞机上，她即将扮演埃及艳后克莱奥帕特拉。她手上戴着第三任丈夫迈克尔·托德赠送的29又7/8克拉的钻石订婚戒指。

（左图）电影《青楼艳妓》中的格丽娅·旺德劳斯，泰勒恨透了这部影片，与艾迪·费舍尔一起称之为"奶油小球 4 号"。该片是泰勒为了履行一份合同义务而为米高梅公司拍摄的，目的是换取米高梅的同意，允许她为 20 世纪福克斯拍摄《埃及艳后》。这个镜头刚刚拍完，她就在镜子上写了一句脏话。

5

埃及艳后与其
终身挚爱

"我一定要和理查德在一
起。我知道这样是错的，
我知道这样会伤害很多
人。我知道，我都知道。但
是我也知道我必须做什
么。上帝保佑，一定让我
和理查德在一起。"

(右图)扮演克莱奥帕特拉的伊丽莎白·泰勒。
这个形象已经成为埃及艳后的标准像。

泰勒主演的《热铁皮屋顶上的猫》和《夏日痴魂》受到广泛好评,使她一跃成为 50 年代后期最叫座的女影星。

显然,由她出演 20 世纪福克斯公司全力推出的一部史诗性鸿篇巨制《埃及艳后》是再合适不过的了,泰勒当时签约片酬高达 100 万美元,创历史新高。同时,泰勒要求这部影片采用托德宽荧幕系统拍摄,她从其已故丈夫迈克尔·托德那里继承了这种宽屏底片规格的专利,由此可以获得一笔可观的专利使用费。她还通过自己的制片公司(MCL Films)取得了本片三分之一的所有权,这家制片公司是根据她的三个孩子迈克(Mike)、克里斯(Chris)和丽莎(Liza)的名字命名的。这部影片几乎让福克斯公司破产,但其主角却从中狂赚了 700 万美金,并且得到了她一生最爱的男人。

1960 年 9 月,该片在英国白金汉郡的松林制片厂开拍,但泰勒只在镜头前露了几次面就染上了脊膜炎。住院治疗一周之后,她便和当时的丈夫艾迪·费舍尔携子女悄悄转移到加州棕榈泉进行长期休养。

直到第二年 3 月她才重返伦敦。可是拍摄工作刚刚开始,泰勒却在多尔切斯特酒店突发肺炎,生命危在旦夕。她被立即送往伦敦诊所抢救,并且接受了气管切开术。费舍尔得到消息说他妻子就快死了。消息一经传出,成千

(下图)1961 年,泰勒与丈夫艾迪·费舍尔(中)和孩子克里斯托弗·威尔丁、小迈克尔·威尔丁、丽莎·托德在伦敦伯特伦米勒马戏团。他们和另外四个孩子一起在此庆祝迈克尔 8 岁的生日。

上万的人拥上街头，聚集在医院周围。泰勒与死神的搏斗成为全球媒体关注的焦点。

住院 3 周之后，泰勒再次回到加州，继续休养了 6 个月。在此期间，她因主演《青楼艳妓》获得了奥斯卡最佳女主角奖，这个奖项后来被她戏称为"同情奖"。

1961 年 9 月，《埃及艳后》的拍摄工作再次重新开始，这次拍摄地址转移到罗马城外的电影城制片厂。泰勒的出场就像《日落大道》中的诺玛·戴斯蒙，身着长款黑色貂皮大衣，四周围满了赞叹尖叫的影迷，场面蔚为壮观。导演约瑟夫·曼凯维奇非常绅士地亲吻了她的手背，对她说道："亲爱的，你美得让我无法呼吸。""这是当然。"他的女主角玩笑道。

她新近才确定的搭档理查德·伯顿走上跟前，要是泰勒当时还想听到一句甜言蜜语的恭维，那一定会大失所望。"你太胖啦，宝贝儿，"伯顿耳语道，接着他又说："但是我必须承认你的脸蛋儿长得挺漂亮。"这种失礼的话本来是泰勒自己想说的，她听后立即大笑不已。"呀！你真敢说啊！"她假装生气地尖声答道。这次见面给这位男主角留下了深刻的印象："她的第一阵笑声令我永世难忘。"多年以后，他在一次采访中说道。

几年前，泰勒和伯顿曾经见过一面。那是在斯图尔特·格兰杰和他当时

（上图）伊丽莎白因肺炎住进了伦敦的一家医院，1961 年 3 月 23 日，病愈出院。她的名声显赫，即使住院也躲不开影迷和新闻记者的追逐。

73

的妻子珍·西蒙斯举办的一场好莱坞聚会上。理查德偕妻子西比尔一起参加了那个宴会，并在宴会开始不久就用他那带着威尔士口音、低沉浑厚的声音吟诵起莎士比亚的作品。伊丽莎白后来回忆说，我当时一直在想："天啊，那个人能消停点么？"之后，她马上就把那个人忘得一干二净。

现在，在拍摄《埃及艳后》之时，他们彼此被对方深深地吸引了。很快，两人整天黏在一起，共享悠闲漫长的午餐时光，一起在派对上玩到深夜。这种情况令剧组感到不安。艾迪和西比尔繁忙地穿梭于罗马和家庭之间，谁也不能一直守在片场，阻止他们之间无法避免的恋情。

1962年1月，当泰勒和伯顿共同拍摄他们第一个场景时，他们已经睡在同一张床上了。曼凯维奇把这个秘密告诉了他的制作人沃尔特·瓦格纳："我独自坐在火山口上太久了，我想告诉你一些你应该知道的事实。丽兹和伯顿不仅仅是在'演'克莱奥帕特拉和安东尼。"

专栏作家露艾拉·帕森斯第一个爆出了这则新闻，说泰勒的婚姻出现了危机。具有讽刺意味的是，二十多年后，也就是1985年，泰勒在电影《奇境对决》中扮演露艾拉·帕森斯。几天之后，艾迪·费舍尔匆匆赶到罗马，他的妻子亲口证实了这个新闻并非谣言。

多年之后，伊丽莎白回首这段往事时，满怀深情地说："我一定要和理

（上页）即使她很讨厌《青楼艳妓》，但还是因为这部电影而获得1961年奥斯卡最佳女主角奖。她的反应是："我还要说它很臭。"

（下图）由于伊丽莎白生病，《埃及艳后》的拍摄工作暂停了一段时间，1961年9月又重新开机。伊丽莎白和艾迪秘密离开拍摄现场来到罗马。在一家餐厅外面，他们被人发现坐在一辆豪华轿车中，旁边还有人为他们演奏小夜曲。伊丽莎白走到哪里，狗仔队就跟到哪里。

查德在一起。我知道这样是错的,我知道这样会伤害很多人。我知道,我都知道。但是我也知道我必须做什么。上帝保佑,一定让我和理查德在一起。"

与此同时,艾迪·费舍尔与西比尔·伯顿见了一面。后者对此并不在意,断定这只是她丈夫又一次短暂的出轨行为,她告诉艾迪,"他每次都会回到我的身边。"费舍尔回答她说:"你显然不了解我的妻子,任何伊丽莎白想要的东西,她一定能得到。"

西比尔心烦意乱,她把自己和艾迪的对话告诉了丈夫,理查德深感懊悔,自觉罪孽深重,他决定结束这段感情,回到自己妻子身边。泰勒无法接受如此拒绝,绝望之下,她吞食了过量安眠药。她被紧急送往塞尔瓦托·蒙迪医院洗胃。

1962 年 4 月 2 日,伊丽莎白和艾迪·费舍尔宣布离婚。在此之前,泰勒和伯顿重新成为绯闻的主角。狗仔们一路追到罗马,想偷拍他们之间的不伦之恋,伯顿自己也把他和泰勒的关系称为"丑闻"。

意大利媒体称泰勒为婚姻杀手,教皇亲自出面谴责他们。梵蒂冈无线电台立场鲜明地指出:"罗马是座圣城,上帝禁止它成为一座堕落之城。"

电影城制片厂收到了炸弹威胁,泰勒在前往片场的路上也被围堵责问。她正要拍摄克莱奥佩托拉进入罗马城的场景,那时候还没有电脑成像技术,需要上万名群众演员。泰勒害怕他们起哄喝倒彩,甚至怕自己被枪杀,

(上页)泰勒与导演约瑟夫·曼凯维奇在拍摄《埃及艳后》的现场。她拍摄该片的片酬高达 100 万美元,创造了历史记录。实际上,加上她在该片上精明的投资,她的总收入高达 700 万美元。

(下图)伊丽莎白与丈夫艾迪·费舍尔、未来的丈夫理查德·伯顿在罗马的一家夜总会里。

6

丽兹与迪克

---

*"我从未打算获得许多珠宝，
也没打算找这么多丈夫。"*

除了在《青楼艳妓》中露过面的艾迪·费舍尔,唯一与伊丽莎白联袂主演过电影的丈夫当数理查德·伯顿。两人合演了 10 部电影,如果算上泰勒客串交际花的《安妮的千日》,总共达 11 部。

泰勒曾经这样评价作为搭档的伯顿:"我觉得他能让每个人发挥到极致。"伯顿 1974 年称赞他的妻子是"最伟大的电影演员之一"。他常常提起第一次与她合作的经历。当时他曾向一位两人共同的朋友抱怨说:"她什么也不干。她是干什么的?"朋友告诉他,明天你去看看就知道了。第二天,伯顿果然去看了他们的拍摄,回来后深有感触地说:"她什么都干了。"

伯顿去世后,泰勒曾经承认两人的表演方法截然不同,她自始至终依赖本能的天赋,而他则讲究更多的演练,两人相互帮助,相得益彰。"他的嘴很甜,说我教他如何成为一名电影演员。他教会了我如何成为一名更好的演员。"

两人婚礼后的第一次合作是在美国音乐戏剧学院的一场诗歌散文朗读会上。他们俩幽默风趣,喜欢自嘲自贬,选择的朗读材料也别具一格。泰勒朗读的是托马斯·哈代的诗歌《堕落的姑娘》:

> 如今你戴上了漂亮的手镯,还插上了靓丽的羽毛!
> "没错儿,堕落了我们就这么穿戴,"她说道。

伯顿则回以艾略特的诗歌《一位夫人的画像》开篇的引言:

> 你已经犯了通奸罪,
> 但那是在另一个国家。

(下左图)1964 年 4 月 30 日,小萨米·戴维斯在纽约科帕卡巴纳夜总会的首场演出结束后,泰勒和伯顿与他在化妆室里开玩笑。

(下右图)伯顿在泰勒不注意的时候,对她做了一个鬼脸。摄于 1963 年。两人之间的关系虽然波澜起伏但是非常恩爱。

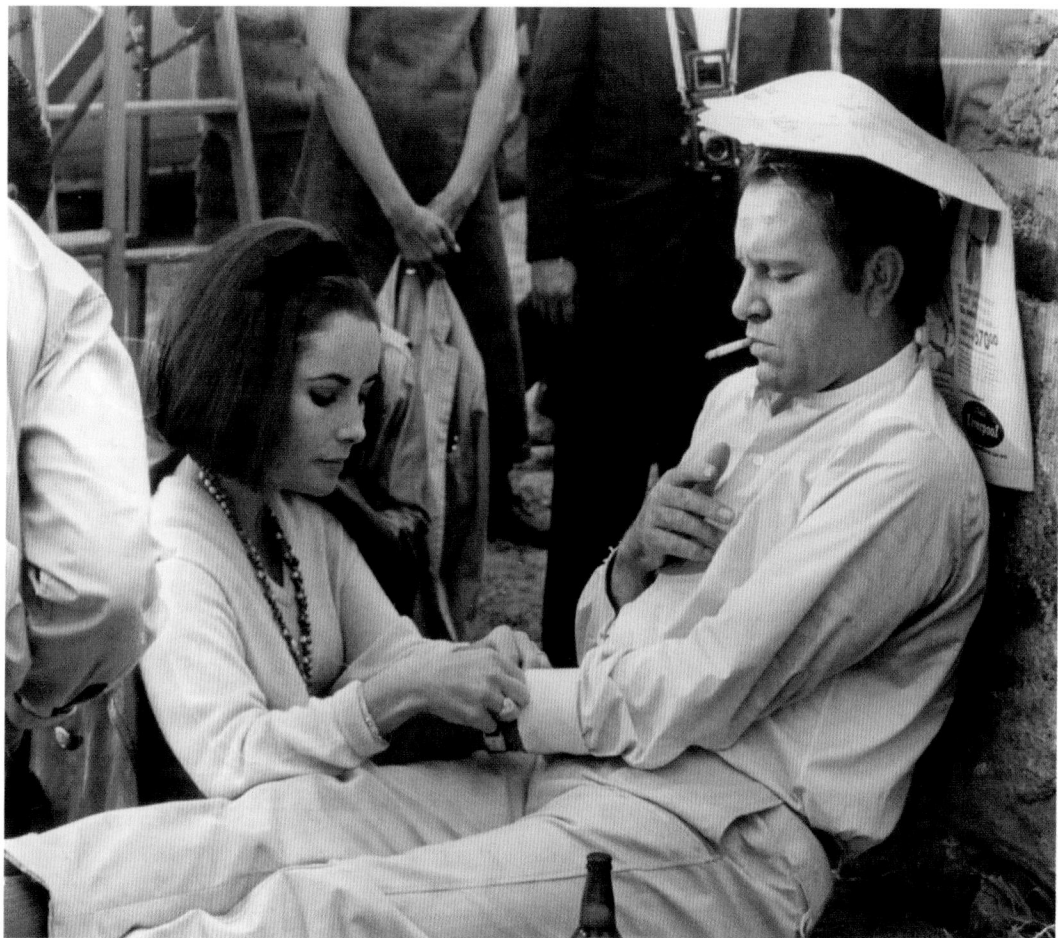

当时，伯顿夫妇(人们都这样称呼他们)是这个星球上最具新闻价值的一对儿。在整个60年代，他们的出现，无论在饭店还是机场，都必定会引起影迷的尖叫和骚乱的人群。理查德经常感到难以适应，但是伊丽莎白说："我已经习以为常了，你得习惯这种场合。"

一个典型的例子是他们在波士顿的经历。波士顿是伯顿版《哈姆雷特》转交给百老汇之前的最后一站。3500名狂热的影迷在机场等候，那场面让人想到几个月之前披头士乐队抵达纽约时的情景。当伯顿夫妇抵达喜来登广场饭店的时候，大量的影迷拥入了大厅。泰勒被挤得贴在墙上，影迷们撕扯她的衣服，伸手抓她的脸，她不断朝着人群大声尖叫："闪开！闪开！"伯顿奋力挤过去保护妻子，他的头发被扯掉了，衣服也被撕坏了。

泰勒的三个孩子和伯顿的女儿凯特经常和他们一起去外景地或者坐飞机到墨西哥、格施塔德和欧洲其他地方度假。伊丽莎白深知自己的多次婚姻以及漂泊不定的生活方式对迈克尔、克里斯托弗和丽莎的影响。在60年代的一次采访中，她告诉记者说："我的孩子们真是很了不起。我的生活害死他们了，我们就像吉卜赛人一样。再说，我结婚的次数太多了，这也是

(上图)1963年，在《巫山风雨夜》拍摄现场，伊丽莎白又显示出其母性的情怀，精心照料理查德·伯顿。在墨西哥的炎炎烈日之下，伯顿头上盖着一张报纸遮阳。

（左图）来自伊丽莎白·泰勒的私人影集。1963 年，在伯顿拍摄电影《雄霸天下》的现场，泰勒正在照看女儿丽莎·托德和自己的一个儿子。

（右图）这张照片同样来自伊丽莎白·泰勒的私人影集，甚至很可能是泰勒亲自拍摄的。在英格兰谢珀顿电影基地，理查德·伯顿在拍摄间隙带泰勒的儿子骑马。

个不争的事实。"

由于伊丽莎白不能再生孩子，两人收养了一个女儿，名叫玛丽亚·伯顿。玛丽亚原名佩特拉·海西希，1961 年出生在德国，是泰勒通过广告找到的。泰勒通过一位中间人，在德国一本杂志上刊登了一则广告，声称一对富有的、没有子女的外国夫妇希望收养一个孩子，当时泰勒还没有和艾迪·费舍尔离婚。广告得到了佩特拉的父母的回应。尽管佩特拉患有先天性髋部畸形，并且营养不良，泰勒第一眼看到这个亟须帮助的孩子时，她那母性的本能立刻爆发出来。她和费舍尔决定收养这个孩子。正式收养手续直到 1964 年才办理，当时泰勒已经和伯顿结婚了。

不仅共同生活而且一起工作意味着这对夫妇经常过着一种异乎寻常的生活。多年以后，泰勒回忆道："拍电影的时候，我们尖声叫喊，血流满面，脑浆迸裂，回到家里，我们陪孩子玩耍，上床做爱，然后抽出时间研究第二天的台词。"

拍摄《埃及艳后》3 年之后，伊丽莎白聘请迈克·尼科尔斯导演他的第一部电影《灵欲春宵》。这部电影是根据爱德华·阿尔比的剧本《谁怕弗吉尼亚·沃尔夫》改编的，深入探讨了历史副教授乔治和饮酒过度的妻子玛莎之间波澜起伏的关系。乔治由伯顿扮演，玛莎是泰勒扮演的。

《灵欲春宵》是有史以来唯一获得奥斯卡所有 13 个奖项提名的电影，泰勒获得了她第二个奥斯卡最佳女主角奖。她为了拍摄此片，增加了 20 磅(9

(下图)泰勒经常和丈夫一起待在拍摄现场，并且据说她平易近人深得演职人员和摄影师的喜爱。伯顿曾经在百老汇主演《哈姆雷特》，照片中泰勒与该剧的全体演职人员一边同唱《生日快乐》，一边准备切蛋糕，摄于 1964 年。

（右上图）泰勒帮助伯顿背台词，准备参加牛津大学戏剧学会排演的《浮士德》。泰勒扮演了特洛伊的海伦，尽管没有一句台词，但是她说："我从来没有在舞台上表演过，所以从最容易的角色开始。这是一个绝佳的机会。"他们和本科生们同台演出了九场，并且和学生们一样分文未取。

（右下图）1965年4月5日，夫妇俩在德国巴伐利亚州瓦尔高市波斯特酒店门口用大杯喝啤酒。当时，理查德·伯顿正在拍摄经典冷战间谍恐怖电影《柏林谍影》。据说，伯顿不仅给泰勒珠宝还给了她喝苦啤酒的爱好。

（左上图、左下图）伊丽莎白因在影片《灵欲春宵》中扮演玛莎而第二次荣获奥斯卡最佳女主角奖。然而一开始，选择她扮演这个角色还引起了很大的争议。很多人，甚至包括作者本人都认为，扮演一个五十岁左右的邋遢女人，贝蒂·戴维斯比泰勒这位"世界上最漂亮的女人"更合适。但是泰勒最终用事实证明评论家们错了，为了演好这个角色，她增加了 9 公斤体重，并且让自己显得苍老了很多。

（右图）泰勒与伯顿，摄于 1967 年。两人已结婚 3 年，从不害怕向全世界展示他们的爱。

公斤）体重，在眼睛下方和下巴做了修复术，在腰间塞上垫片，还把头发染成灰色，用她自己的话说："活像一个邋遢鬼"。但是伯顿败给了《四季之人》中的保罗·司科菲尔德。泰勒对此耿耿于怀，她在 2000 年的一次采访中说："我太佩服他了，他竟然没有得到最佳男主角奖，这让我非常气愤——他的表演太精彩了。"

　　尽管他们合作的大部分电影，例如《富贵浮云》、《孽海游龙》和《春风无

（左上图）本页及以下 5 页中的所有照片均出自泰勒送给迈克尔·杰克逊的私人影集。杰克逊在德国把影集和其他一些物品一起丢在一辆轿车的后座上，后来他让司机替他保存好这些物品。这些照片向人们展示了银屏之下的丽兹·泰勒鲜为人知的生活片段。

（左下图）伊丽莎白·泰勒与马龙·白兰度在电影《禁房情变》的拍摄现场。白兰度的角色原定由伊丽莎白的老朋友蒙哥马利·克里夫特扮演，但他不幸于1966 年 7 月死于心脏病。

（右上图）伯顿与丽莎·托德（伊丽莎白的女儿）、凯特·伯顿（他自己的女儿）和玛丽亚·伯顿（两人共同收养的女儿）在一起，大约摄于1967年。

（右下图）泰勒、伯顿和孩子们一起度假，大约摄于1967年。

（左上图）理查德·伯顿被偷拍的照片，可能是泰勒亲自拍的。

（左下图）伊丽莎白与伯顿的一位兄弟，可能摄于墨西哥。

（左图及下图）更多泰勒和伯顿的大家庭的度假照片。泰勒和伯顿似乎很成功地把两人的家庭融合到了一起。

限恨》等，现在都已被人遗忘了，但他们通过精明过人的谈判，成为当时好莱坞最赚钱的夫妇。伊丽莎白拍摄《埃及艳后》赢得 100 万美元片酬时曾经说过："我突破了坚固的障碍。" 如今这样的要求对她来说已经习以为常，《春风无限恨》又让她赚了 100 万美元，《灵欲春宵》给她带来了 110 万美元。此外，伯顿夫妇成立了两家公司，在以后的 8 年里，一共赚了 5000 万美元，这些还不包括多年以后的专利版权收入。

两人分文未取的一次合作是 1966 年在牛津剧院的演出。尼维尔·考格希尔战时曾经在牛津大学埃克塞特学院为伯顿导演过《一报还一报》。为了报答他的这份人情，伯顿答应参加由大学生排演的《浮士德》。泰勒在剧中扮演特洛伊的海伦，这是一个跑龙套的角色。他们住在剧院旁边的伦道夫饭店。尽管不断有媒体来采访，搞得他们不得安宁，他们还是过得非常愉快，并且为演职员和大学生们举办了多场晚会。演出以及同名电影所得的利润用于建造伯顿—泰勒剧场，这是一个 60 人座位的剧场，至今还在使用。

积累了数以百万美元计的财产之后，他们毫无顾忌地尽情挥霍。两人购买了一艘豪华游艇，以三个孩子凯特、丽莎和玛丽亚的名字命名为"凯丽玛"号。他们还购买了一架德哈维兰德公司生产的十座喷气式飞机，并且把

（100 页及 101 页图）与马龙·白兰度在家庭聚会上的照片。这些他们嬉闹玩耍的照片向世界展示了他们鲜为外人所知的另一面。

它命名为"伊丽莎白"号。伊丽莎白还大量投资艺术品,购买莫奈、毕加索、梵·高、雷诺阿、毕沙罗、德嘉和伦布兰特等名家的作品。他们甚至还拥有各自的劳斯莱斯汽车,伯顿的是银色的,泰勒的是绿色的。他们把客房服务延伸到了极致,从国外订购商品——伦敦福特纳姆和玛森公司的香肠、贝弗利山庄蔡森饭店闻名遐迩的辣椒都被空运到他们在罗马的家中。

当然,他们购买的最著名的东西就是珠宝。1969 年情人节,理查德为伊丽莎白买下了"漫游者"珍珠,这是世界上最著名的珍珠,曾经属于亨利八世的大女儿玛丽·都铎。他还给她买了一条镶嵌祖母绿宝石的钻石项链以及配套的耳环、戒指、胸针、手镯,这套珠宝过去属于俄罗斯弗拉基米尔大公夫人。

1968 年,理查德·伯顿以 30.5 万美元的天价买下了克虏伯钻石——现在的价值已经高达 200 万美元。有一天,玛格丽特公主看到了这颗钻石。她对伊丽莎白说:"这是我见过的最俗气的钻石。"紧接着,她又问伊丽莎白能不能让她试戴一下。当这位高贵的公主殿下伸出手指仔细端详这颗硕大的钻石时,泰勒反唇相讥:"现在你不觉得它俗气了吧。"

60 年代末,夫妇俩与皇室人员交往频繁。他们与玛格丽特公主和斯诺敦伯爵夫妇共进晚餐,到温莎公爵夫妇在巴黎布洛涅森林的家中做客。

(上图)1967 年 2 月 28 日,《驯悍记》首映式在伦敦莱斯特广场音乐厅举行。伯顿、泰勒夫妇与玛格丽特公主交谈(旁边观看的是迈克尔·雷德格瑞夫)。三人是好朋友,经常一起聚餐。

(右图)1969 年 11 月,在庆祝摩洛哥格蕾丝王妃(格蕾丝·凯利)40 岁生日的慈善舞会上,"泰勒—伯顿"钻石首次公开亮相。伯顿花了 110 万美元买下了这颗钻石,这是当时世界上最昂贵的钻石。

　　1972 年,伊丽莎白年满四十。她在一年前就做了奶奶,迈克尔和妻子贝丝生了一个女儿,取名莱拉。为了庆祝这个人生的里程碑,伯顿夫妇携家人和朋友飞往布达佩斯度周末。生日晚会是在洲际饭店举行的,参加晚会的嘉宾包括摩洛哥王妃格蕾丝、迈克尔·凯恩、苏珊娜·约克、林戈·斯塔尔和大卫·尼文。

　　媒体也在泰勒的生日期间对她进行了采访,她告诉记者:"我喜欢我的生活,一切都非常顺利。"正如我们不时看到的那样,泰勒的真实生活与她向公众展示的生活之间经常存在巨大的差距。1972 年的时候,她的婚姻生活已经很不顺利了,"幸福到永远"不过是作为演员的泰勒的表演而已。

(右图)泰勒在自己 40 岁生日晚会上。她脖子上戴的是伯顿赠送的礼物——泰姬陵钻石。他当时说:"我本想把泰姬陵买来送给伊丽莎白,但是运费太贵了。"

(下图)1970 年 11 月 10 日,泰勒与伯顿和他的姐姐塞西莉亚·詹姆斯在他的生日晚会上。当天早些时候,英国女王在白金汉宫授予伯顿大英帝国勋章。

7

缘尽情未了

"我们彼此真的不能分开。"

1973 年 7 月 4 日，伊丽莎白·泰勒在媒体上发表了一份声明："我确信，如果我和伯顿暂时分开一段时间，这对于我们两个人来说是一个不错的、建设性的主意。也许是我们太爱对方了，我从没想过我们有一天会分开，我们总是形影不离，亲密无间，我一直相信除了生与死没有什么能将我们分开。"

伊丽莎白的任何声明和采访都绝不可能是平淡无奇的，这份声明同样充满了强烈的感情以及戏剧性的效果。她接着写道："我相信短暂的分离最终将会让我们重新走到一起。"最后泰勒用她的祈愿结束了这份声明："为我们祈祷吧。"由于泰勒的这份声明，尼克松总统水门事件听证会的新闻有一两天里甚至无法登上新闻媒体的头版。

不久，理查德·伯顿在纽约召开了自己的新闻发布会。他告诉记者："这是必定要发生的事。你要知道，当两个脾气暴躁的人不停地用激烈的语言伤害对方，然后偶尔还会采取武力解决问题，结果正如我所说的，这是必定要发生的事情。"

同年夏天，他们联袂出演的最后一部电影《缘尽情未了》正式发行。影片讲述了一对结婚 18 年的夫妇婚姻破裂时矛盾的心情，联想到伯顿和泰勒的感情，这又是一个艺术来源于生活的好例子。

（下图）电影《缘尽情未了》中的泰勒和伯顿。这部电影的名字起得非常恰当，数月之后，两人宣布分开，结束了长达 9 年的共同生活。

他们分离期间也有过短暂的重聚。那是在意大利影星索菲亚·罗兰位于罗马城外的别墅里，当时伯顿正在和罗兰拍摄电影《相见恨晚》，而泰勒也正在意大利拍摄电影《全体一致》。这是泰勒最糟糕的电影之一，影片讲述了一个患有精神分裂症的女人努力寻找一个爱自己的男人，而结局却是被这个"爱自己的男人"谋杀了。正如之后泰勒自己说的那样："我不知道当时自己怎么会接下这部电影。"

就在那年夏天，肯尼迪总统的妹夫彼得·劳福德导演介绍泰勒认识了一位名叫亨利·温伯格的二手车经销商，二人一见如故，十分投缘。温伯格事后回忆说："我还没弄清自己在哪儿就已经坠入情网，无法自拔了。"

后来 11 月份的时候，伊丽莎白由于肚子疼被紧急送往加利福尼亚大学附属医院。检查结果是卵巢囊肿。正当泰勒准备接受手术的时候，伯顿急匆匆地从罗马赶回来陪伴她，温伯格只得离开了医院。伯顿开玩笑说："我只要一想到会失去这个老太婆就受不了。"就在泰勒还在犹豫是否和伯顿重归于好时，伯顿献上的一条 38 克拉的梵克雅宝钻石项链，打消了她的一切顾虑。欣喜万分的泰勒把项链戴在脖子上对伯顿说："你果然懂得如何赢得一位生病的女人的芳心！"

(上图)这张照片原先的文字说明是："戏剧行业有人（威廉·莎士比亚）曾经说过，结局好，一切都好。最近(1 月 3 日)，伊丽莎白·泰勒第一次到电影《罗马之旅》的拍摄现场看望理查德·伯顿时，两人一起开怀大笑。她祝他与索菲亚·罗兰在电影中的婚姻美满。伯顿和泰勒小姐最近经过一段短暂的争吵并分手之后，又重归于好。"不过，这次重聚很短暂；夏天的时候两人就分开了，伊丽莎白又开始与人约会。

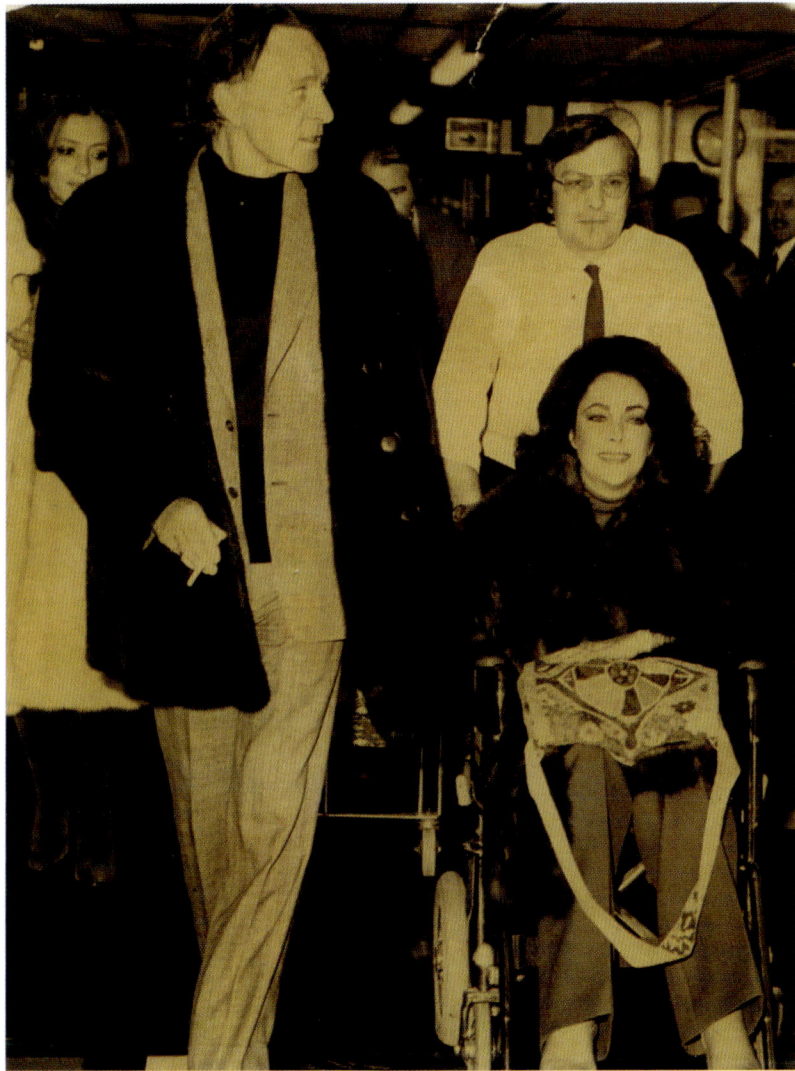

(上页)泰勒与美国二手车销售员亨利·温伯格。两人于1973年夏天开始交往，但是因为伊丽莎白与理查德·伯顿重聚而关系破裂。不久，两人又恢复了关系，但是最终还是因为泰勒与伯顿的第二次婚姻而彻底分手。

(左图)伊丽莎白住院期间，伯顿又急忙回到了她的身边，尽管两人已经分居。然而，几个月之后，两人还是宣布离婚。

　　这次重聚很短暂。1974年4月26日，他们宣布计划结束两人10年的婚姻。两个月之后，泰勒在法庭上接受了法官做出离婚判决：价值500万美元的珠宝，她收藏的所有艺术品，"凯丽玛"号游艇，墨西哥海边的房子，以及他们养女玛利亚的监护权，通通归泰勒所有。

　　泰勒在和温伯格重归于好的同时仍然和伯顿保持着密切的联系。1975年8月他们两个在瑞士的一个共同的朋友家里又见面了。见面时少不了拥抱、亲吻、痛哭、发酒疯。6天之后，他们宣布了复婚的消息："我们真的离不开对方。"

　　伊丽莎白泰勒的第六次婚礼于1975年10月10日在博茨瓦纳的乔贝野生动物保护区里举行，当地的行政长官是他们证婚人。他们在两头河马，一头犀牛和一只猎豹的陪伴下完成了婚礼。

　　泰勒和伯顿的第二次婚姻只持续了 10 个月。他们在海地的太子港签署了离婚协议。泰勒说："我心灵的每一根神经都深深地爱着理查德·伯顿，但是我们无法在一起——我们总是互相伤害。"

　　同年夏天，华盛顿特区正在举办庆祝美国独立 200 周年的纪念活动。泰勒应邀参加了白宫举行的迎接英国女王伊丽莎白二世的招待会。主办方为她安排的搭档就是纪念美国独立 200 周年管理委员会主席约翰·威廉·华纳。

　　之后，华纳邀请伊丽莎白去参观他在弗吉尼亚州米德尔堡的 2000 英亩的农场。两人一见钟情，在泰勒履行承诺去维也纳出演电影版《小夜曲》之后，很快就订婚了。泰勒期待着以政客夫人的角色开始新的生活，因为华纳有望在参议院里获得一席之地。"约翰知道自己要干什么，我要在他的身旁帮助他，希望为华盛顿作出自己的贡献。"

　　这对夫妇在华纳的农场里举行了一个简短的圣公会式的婚礼，参加婚

（左图）1974 年 6 月 26 日，瑞士小城萨能（临近格施塔德）法院以感情破裂为由批准泰勒和伯顿协议离婚。照片中泰勒跟着她的律师走出法院。

（上图）1974年4月，伊丽莎白在奥斯卡颁奖典礼台上忍不住哈哈大笑。一位男性裸奔者刚刚全身赤裸地在全球7600万电视观众眼前从台前跑过。这张照片完美地展示了泰勒极富感染力的笑容。

（右图）又成伯顿夫妇。1975年11月，泰勒与伯顿在南非复婚。两人乘坐飞机回家，抵达伦敦都切斯特饭店。

（左图）1979 年 4 月 1 日，泰勒以参议员之妻的名义参加美国红十字会志愿者午餐会。在一段时期里，她置身于丈夫的身后，成为一位完美的参议员之妻。

（下图）泰勒与当时的男友约翰·华纳以及双方的家人在奥地利维也纳，泰勒正在当地拍摄电影《小夜曲》。泰勒再次尽一切努力把她生活中的男人融入到自己的家庭。从左到右：小迈克尔·威尔丁（泰勒之子）、丽莎·托德（泰勒之女）、玛丽·华纳（华纳之女）、泰勒、华纳、乔·威尔丁（小迈克尔·威尔丁之妻）。图中的幼儿是迈克尔和乔的孩子。

礼的只有为数不多的朋友和一些华纳的雇员。泰勒后来告诉记者："我有一种终于找到了家的感觉,我知道自己长期以来苦苦寻根的旅程已经结束。"

泰勒以自己的实际行动履行了对新任丈夫的承诺。在泰勒和华纳一起生活的 6 年中,她忠实地扮演了一个政客之妻的角色。在此期间,泰勒最著名的银幕形象是 1980 年拍摄的电影《破镜谋杀案》。这部电影根据著名女侦探小说家阿加莎·克里斯蒂的小说改编而成。影片中的另外两名主要演员是泰勒的老朋友罗克·赫德森和曾经在《玉女神驹》中与泰勒联合主演的女影星安吉拉·兰斯伯瑞。

伊丽莎白·泰勒和约翰·华纳的婚姻是泰勒人生的一个最低谷。风光无限的泰勒早就习惯了成为舞台的焦点,可是在丈夫的政治活动中她感觉自己是一个跑龙套的角色。她承认这种生活让她感到孤独和压抑。

为了排遣苦闷,泰勒开始暴饮暴食,体重暴增。更糟糕的是,她开始酗酒并且依赖处方药物。身材肥胖的泰勒一度成为喜剧界的笑柄,特别是美国著名喜剧演员乔恩·瑞弗斯曾拿泰勒的肥胖大玩幽默,编了许多笑话,例如"泰勒太贪吃了,她在微波炉前总是等不及,大声叫道:'快点儿!'"

有一件事情是毋庸置疑的,泰勒可以为了她大多数的荧幕角色控制自己的饮食,从而更好地适合角色的形体要求。1981 年的一天,制片人泽夫·巴夫曼找到泰勒,建议她出演舞台剧《小狐仙》。这部由丽琳·海尔曼写的戏剧曾经由贝蒂·戴维斯领衔主演拍成一部十分成功的电影。伊丽莎白·泰

(下图)1976 年 7 月,在费城的光谱剧院的后台,泰勒与艾尔顿·约翰开玩笑。泰勒手中的是他习惯佩戴的大眼镜。

（左图）1976 年 8 月 10 日，泰勒与斯蒂芬·桑德海姆在温布利（英格兰）制作室为电影《小夜曲》录制歌曲。桑德海姆为这部电影谱写了音乐和歌词。

（右图）泰勒和伯顿尽管已经离婚并且都已再婚，两人依然保持着良好的朋友关系。1982 年 2 月 28 日，泰勒 50 岁生日晚会在传奇夜总会举行。这是两人在晚会上一起跳舞的照片。

（下图）1981 年 3 月 20 日，在华盛顿的肯塔基中心，《小狐狸》演出结束后，罗纳德·里根总统和第一夫人南希·里根看望泰勒。三人彼此很熟悉，因为泰勒当时的丈夫是共和党参议员约翰·华纳。

（左上图）犹太教信仰在泰勒的生活中至关重要，她终身从事犹太人慈善事业。1982 年 12 月，她访问了耶路撒冷，照片中她正在哭墙前祈祷。

（左下图）1983 年，泰勒和伯顿最后一次合作，他们在百老汇联袂主演尼奥·考沃的浪漫舞台喜剧《私生活》。该剧连续演出了63 场。

勒抓住了这次机遇，在一个水疗中心成功瘦身20 斤。1981 年 3 月这部戏在华盛顿肯尼迪中心公演时，她完美地出现在一群由罗纳德·里根总统为首的众星云集的观众面前。

尽管公众对这部作品褒贬不一，该剧还是进入了百老汇，随后又到伦敦演出。1981 年 12 月 21 日，泰勒与华纳分手，在此之前，她搬进了自己在洛杉矶贝沙湾的别墅里。

转年春天，泰勒在伦敦庆祝自己的 50 岁生日，当她得知伯顿要来参加她的生日派对时，她感到非常激动。更令泰勒惊喜的是理查德·伯顿同意最后一次与她联袂出演《私生活》。

此时，泰勒再次沉迷于酒精和处方药物，这在她古怪的舞台表演中就可以发现。当她得知伯顿飞往拉斯维加斯与 BBC 的一个前制片助理萨利结婚的消息后,泰勒的情绪变得更糟了。

对于伯顿的这次婚姻,泰勒只说了一句:"她可以拥有他。"随即便宣布自己将要与维克多·卢纳订婚。维克多·卢纳是一位墨西哥律师,在过去的一年中,泰勒与他的关系断断续续,而事实证明他只是泰勒用来填补空缺的人。

1983年秋,泰勒的健康和情绪每况愈下,她的两个儿子迈克尔和克里斯托弗,女儿丽莎,哥哥霍华德和挚友罗迪·麦克道尔都鼓励她正视自己令人担忧的行为习惯。最终在那一年的12月,泰勒住进了贝蒂福特诊所,开始了长达七个星期的治疗。

经过调养,泰勒看上去明显比过去几年要好很多。她减肥成功,并且又重新找回了生活的热情,就在一切顺利的时候,1984年8月6日的一个电话摧毁了她的整个世界。

泰勒的经纪人陈·山姆打电话告诉她一个噩耗——伯顿于前一天夜晚突发脑溢血去世,终年58岁。这对于泰勒来说简直就是晴天霹雳,她歇斯底里,痛哭不止。

泰勒很清楚如果自己出现在伯顿在瑞士的葬礼上,一定会被视为不速之客。所以她在大约一周后先拜谒了伯顿在瑞士塞利尼的墓地,然后飞往威尔士去陪伴理查德·伯顿的家人。泰勒住在伯顿的姐姐希尔达·欧文的家里,在那所普通的房子外面,一群当地人高喊:"我们希尔赛人永远热烈欢迎你!"泰勒感动地说:"我终于回家了!"

(下图)1984年8月伯顿因病去世,泰勒悲痛欲绝,但出于对伯顿当时的妻子萨利的尊重,她并未出席伯顿的葬礼。后来,她拜谒了伯顿的墓地,并且探望了伯顿在威尔士的家人,泰勒与伯顿的家人一直保持着密切的关系。

8

香销玉殒

"我认为布什总统在防治艾滋病方面毫无作为，我甚至不知道他会不会拼写'艾滋病'这个单词。"

(右图)1985 年金球奖颁奖典礼上的伊丽莎白·泰勒。20世纪 80 年代中期，泰勒作为一名活动家重新崛起。由于严格控制饮食，她重新成为世界上最靓丽的女人。

理查德·伯顿去世不到一年，伊丽莎白丰富多彩的人生又掀开了新篇章。1985年10月2日，她的老朋友、荧幕搭档洛克·赫德森因患艾滋病死于洛杉矶贝弗利山庄的家中。赫德森最初声称自己患的是肝癌，但同年7月，他在巴黎的一家医院接受治疗时身染艾滋病的事实曝光。

赫德森遭受的痛苦激起了伊丽莎白的悲悯之心。于是她开始致力于帮助研究人员寻找艾滋病的治疗方法。她后来坦承："大家一直警告我别管这事儿，我还收到过死亡威胁，这一切让我感到愤怒。"

伊丽莎白是最早投身于艾滋病相关项目的名人。1984年，在赫德森的病情尚未曝光时，伊丽莎白第一次组织并举办了一场大型的筹款募捐活动，用于帮助艾滋病相关项目的研究。1985年，伊丽莎白与迈克尔·戈特利布博士、马蒂尔德·克里姆博士共同创办了美国艾滋病研究基金会。克里姆后来回忆说："在艾滋病流行的初期，公众对同性恋者十分畏惧。这惹怒了伊丽莎白，也伤害了她，她对此感到非常气愤。"

这样一位声名显赫的名人在这种事情中发挥的作用是不容小觑的。各种慈善晚会、慈善拍卖会和慈善讲座，只要伊丽莎白出席，美国艾滋病研究基金会的名字就会出现在新闻头条中。截至2000年，她帮助基金会募集了一亿六千万美元的善款。

8年后，她又成立了伊丽莎白·泰勒艾滋病基金会，为艾滋病毒携带者和艾滋病患者提供急需的支持服务。1年前，也就是1992年，她被特别授予奥斯卡琼·赫肖尔特人道主义奖，以表彰她在这一领域的贡献。

她在防治艾滋病方面的工作一直持续到她生命的结束。2006年卡特里娜飓风后，她为消除艾滋特别工作组捐款4万美元。这个非盈利性组织为新奥尔良地区的艾滋病毒携带者和艾滋病患者提供帮助。伊丽莎白过世后，前总统比尔·克林顿和他的妻子希拉里对她的人道主义工作做出了很高的评价："伊丽莎白的精神财富将会永远留在世界上许多人的心中，这些人因为她的贡献以及在她鼓舞下坚持不懈的努力而生活得更久、更好。"

2000年，为嘉奖她的人道主义工作和60年的银幕生涯，英国的伊丽莎白女王二世授予泰勒英国皇室女爵士头衔。泰勒前往白金汉宫接受了女王的封爵。另外一位演艺界的传奇人物朱丽·安德鲁斯也同时被授予了女爵士头衔。

在这段时期里，伊丽莎白的演艺生涯开始走下坡路。她偶尔出演一些电视电影，如《春浓满楼情痴狂》、《那一定有匹小马驹》和《扑克俏佳人》。《扑克俏佳人》是和她的老朋友乔治·汉密尔顿联袂出演的。伊丽莎白曾两次为动画连续剧《辛普森一家》配音，一次是为她本人配音，一次是为婴儿玛姬·辛普森配音，然而玛姬仅说了一句台词："爸爸"。

伊丽莎白最后出演的一部高票房影片是《石头城乐园》，影片中她扮演男主角弗雷德整天唠唠叨叨的丈母娘珀尔·斯拉欧普尔。此后，她的演艺生涯一片空白。7年之后，她和雪莉·麦克雷恩、琼·科林斯、戴比·雷诺兹联袂出演了《这些老娘儿们》。

（上页）泰勒与丽莎·明奈利和洛克·哈德森在1985年金球奖颁奖典礼上。洛克·哈德森当时病态明显，当年死于艾滋病。他的去世激励了伊丽莎白致力于防治艾滋病的事业。

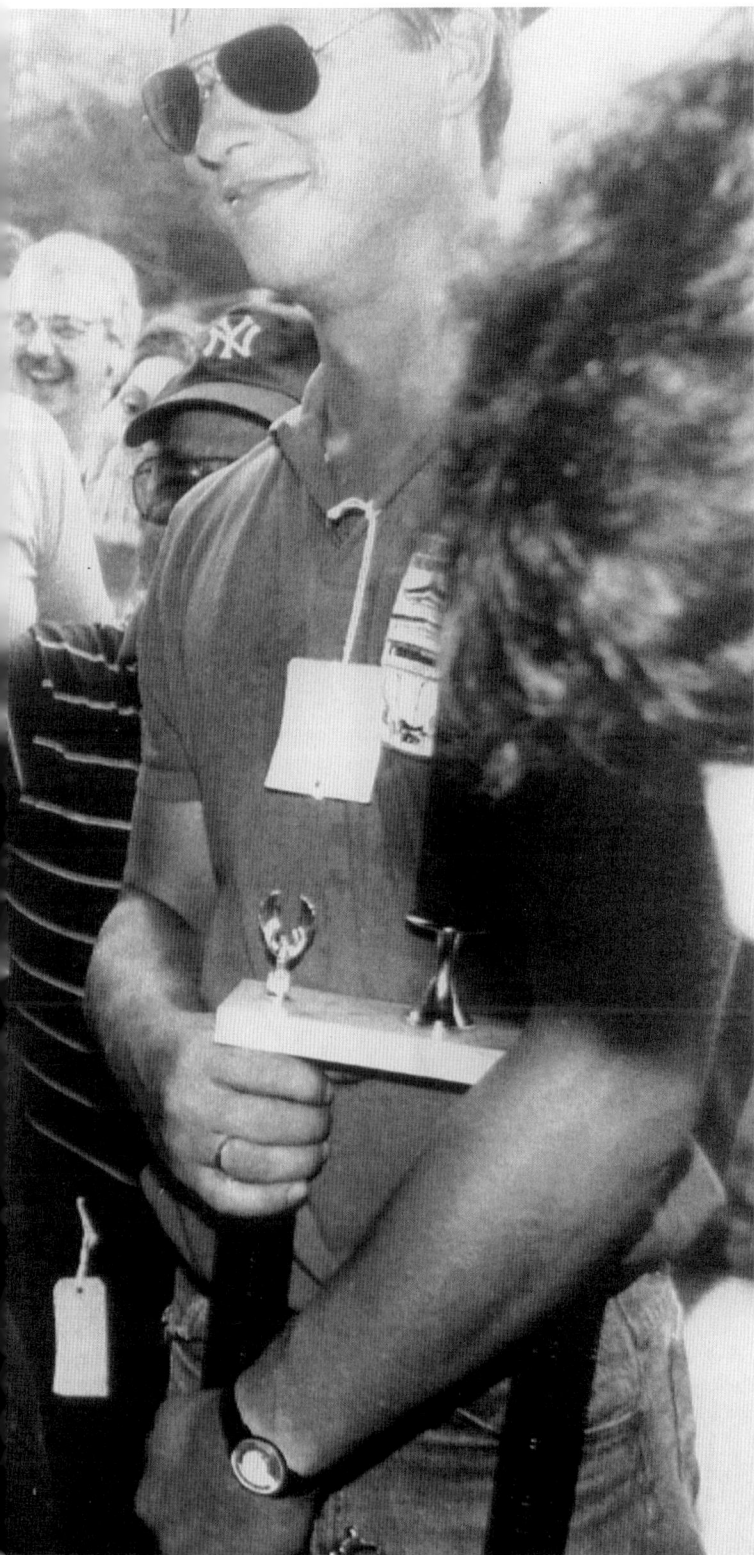

2007 年，伊丽莎白·泰勒以一场为艾滋病患者举行的义演告别了自己的舞台生涯。在这次义演中，她与詹姆斯·厄尔·琼斯同台表演了美国剧作家艾伯特·拉姆斯德尔·格尼的《情书》（原名《爱情书简》）。观看演出的 500 名观众每人需要花费 2500 美元，总共为伊丽莎白·泰勒艾滋病基金会募集了一百多万美元的善款。义演当天正赶上美国编剧工会举行罢工活动。为了不越过罢工设置的警戒线，泰勒向编剧工会请求给予"一夜的特许权"。出于对她的尊敬，工会同意在义演当晚罢工队伍不会出现在派拉蒙制片厂。

泰勒将她的才能也发挥到了商界。魅力独特的名人大都有自己的香水品牌，而以泰勒命名的香水经受了时间的考验，历久弥香。伊丽莎白·雅顿推出的泰勒"白钻石"香水发售至今二十多年，仍旧是世界上最畅销的香水之一。在 2010 年全球销售额高达 6130 万美元。

伊丽莎白是最早涉足商界的明星之一。"钻石与翡翠"、"钻石与红宝石"和"黑珍珠"这几款香水销量长盛不衰。2010 年，这几款香水的总销售额达到 7690 万美元。她全力推广自己的香水品牌，甚至邀请购买限量发行的"白钻石"香水(300 美

（左图）1987 年 8 月 16 日，手臂上绘有文身的泰勒参加一场为艾滋病筹款的活动，得到了蓝点摩托车俱乐部给她的一张 1000 美元的支票。她投入了大量的时间参加此类活动，捐款数目再小都不嫌少。

（左上图）1992 年 4 月 20 日，泰勒在温布利球场举行的纪念弗雷迪·墨丘利的音乐会上发表演讲。墨丘利是皇后乐队的主唱歌手，1991 年死于艾滋病。

（左下图）在首都华盛顿，表情严肃的伊丽莎白就艾滋病问题在劳动、卫生、公共事业、教育及相关机构的小组委员会会议上作证。

（右图）在 1993 年奥斯卡颁奖典礼上，伊丽莎白因其在防治艾滋病工作方面的杰出贡献荣获奥斯卡特别人道主义奖。

元一盎司)的前 150 名顾客参加她的私人茶话会。从 1987 年发售的首款香水"激情"到 2010 年的最后一款香水"紫罗兰的眼睛"，她总共推出了十款自己的香水品牌。她曾经这样评价香水："我认为香水不仅仅是女人的附属品，它更是女人的灵魂水。所以即使我一个人的时候也会喷香水。"

20 世纪 80 年代末，在经过了一段时间的进一步康复治疗后，泰勒又一次容光焕发地出现在公众面前，但这一次陪伴在她身旁的又是另一个男人。拉里·福藤斯基是一名建筑工人，比她小 20 岁。他由于醉酒驾车被送进贝蒂·福德疗养院接受治疗，治疗期间与泰勒相识。

（上页）2007年,伊丽莎白参加她自己的艾滋病基金会组织的募捐活动。当天晚上她就募集了100万美元。她一生中为防治艾滋病募集的资金超过1亿美元。

（左上图）新婚燕尔的泰勒、福藤斯基夫妇与迈克尔·凯恩（左）、艾尔顿·约翰（右）。他们一同出席为庆祝伦敦上流住宅区的蜜拉贝儿餐厅重新开业而举行的慈善活动。两人5年后离婚,据福藤斯基的家人说,他再也不愿意被人称为"伊丽莎白·泰勒先生"了。泰勒的生活与这位往日建筑工人的生活有天壤之别。

（左下图）1991年10月6日,泰勒与拉里·福藤斯基的婚礼在她的密友迈克尔·杰克逊的"梦幻庄园"里举行。杰克逊挽着新娘走过通道,把她交给了新郎。

　　伊丽莎白和她的第八任丈夫拉里·福藤斯基于1991年10月6日在美国流行天王迈克尔·杰克逊的"梦幻庄园"举行婚礼。婚礼现场,众星云集,丽莎·明尼里、艾迪·墨菲、南希·里根和麦考利·卡尔金都出席了婚礼。伊丽莎白身披价值25000英镑的黄色婚纱。这件婚纱由设计师瓦伦蒂诺亲自设计并赠予泰勒作为新婚礼物。夫妻两人以矿泉水代酒相互祝福。

　　福藤斯基对伊丽莎白一直很忠诚,但他很难融入她的朋友圈里,更厌倦了被人叫做"伊丽莎白·泰勒先生"。1996年10月,他们分道扬镳。多亏签署了1项婚前协议,离婚后福坦斯基仅得到了伊丽莎白财产中的100万美元。据估计当时伊丽莎白的总资产已高达10亿美元。

（上图）泰勒与好友迈克尔·杰克逊在好莱坞潘塔格斯剧院举行的泰勒 65 岁生日晚会上。杰克逊亲自演唱一首专门为她创作的歌曲《伊丽莎白，我爱你》。

（左图）2001 年上演的电视剧《这些老娘儿们》的宣传照片。从左到右：黛比·雷诺兹、伊丽莎白·泰勒、雪莉·麦克雷恩和琼·柯琳斯。这部电视剧的编剧是艾迪·费舍尔和黛比·雷诺兹的女儿凯丽·费舍尔。在她两岁的时候，她的爸爸为了泰勒离开了妈妈。

（右图）1999 年，"为了表彰她在电影艺术方面的杰出成就"，泰勒被授予英国电影学院终身成就奖。

（上图）2000 年，泰勒被英国女王封为大英帝国女爵士后的留影。

（左图）2010 年 4 月，尽管身体非常虚弱，泰勒还是参加了查尔斯王子在白金汉宫举行的庆祝皇家威尔士学院 25 周年的招待会，招待会上还举行了泰勒终身挚爱理查德·伯顿半身像的揭幕仪式。

（右图）2011 年 3 月 23 日，洛杉矶好莱坞星光大道上伊丽莎白·泰勒之星上摆满了影迷们留下的鲜花和礼物。第二天，在一场私人家庭葬礼之后，她被安葬在加州格兰岱尔的森林草坪公墓，她的好友迈克尔·杰克逊也长眠于此。

影 视 作 品 及 获 奖 情 况

泰勒电影作品荟萃

1942
《每分钟出生一个孩子》
(*There's One Born Every Minute*)
扮演角色:格洛丽亚·特温
导演:哈罗德·扬

1943
《灵犬莱西》
(*Lassie Come Home*)
扮演角色:普里西拉
导演:弗雷德·威尔科克斯

1944
《简·爱》
(*Jane Eyre*)
扮演角色:海伦·彭斯
导演:罗伯特·斯蒂文森

1944
《多佛绝壁》
(*The White Cliffs of Dover*)
扮演角色:贝茨
导演:克拉伦斯·布朗

1944
《玉女神驹》
(*National Velvet*)
扮演角色:维尔维特·布朗
导演:克拉伦斯·布朗

1946
《战火历险记》
(*Courage of Lassie*)
扮演角色:凯瑟琳·埃莉诺·
　　梅里克
导演:弗雷德·威尔科克斯

1947
《乳燕飞》
(*Cynthia*)
扮演角色:辛西娅·毕晓普
导演:罗伯特·Z·伦纳德

1947
《伴父生涯》
(*Life with Father*)

扮演角色:玛丽·斯金纳
导演:迈克尔·柯蒂斯

1948
《玉女嬉春》
(*A Date with Judy*)
扮演角色:卡罗尔·普林格尔
导演:理查德·索普

1948
《玉女倾城》
(*Julia Misbehaves*)
扮演角色:苏珊·帕吉特
导演:杰克·康威

1949
《小妇人》
(*Little Women*)
扮演角色:埃米
导演:茂文·勒鲁瓦

1949
《玉女情魔》
(*Conspirator*)
扮演角色:梅林达·格雷顿
导演:维克多·萨维尔

1950
《岳父大人》
(*Father of the Bride*)
扮演角色:凯·班克斯
导演:文森特·明奈利

1950
《宿醉》
(*The Big Hangover*)
扮演角色:玛丽·贝尔妮
导演:诺曼·克拉斯纳

1951
《父亲的微薄红利》
(*Father's Little Dividend*)
扮演角色:凯·邓斯坦
导演:文森特·明奈利

1951
《郎心如铁》
(*A Place in the Sun*)
扮演角色:安杰拉·维克斯

导演:乔治·斯蒂文斯

1951
《暴君焚城录》
(*Quo Vadis?*)
扮演角色:基督教囚徒(客串)
导演:茂文·勒鲁瓦

1952
《玉女求凰》
(*Love Is Better Than Ever*)
扮演角色: 安娜斯塔西亚
(斯塔西亚)·马卡博伊
导演:斯坦利·多南

1952
《劫后英雄传》
(*Ivanhoe*)
扮演角色:丽贝卡
导演:理查德·索普

1953
《玉女云裳》
(*The Girl Who Had Everything*)
扮演角色:琼·拉蒂默
导演:理查德·索普

1954
《狂想曲》
(*Rhapsody*)
扮演角色:路易斯·杜兰特
导演:理查德·索普

1954
《象宫鸳劫》
(*Elephant Walk*)
扮演角色:鲁斯·威利
导演:威廉·迪亚特尔

1954
《浪子回头》
(*Beau Brummell*)
扮演角色: 帕特里夏·贝尔
哈姆
导演:柯蒂斯·伯恩哈特

1954
《魂断巴黎》

(*The Last Time I Saw Paris*)
扮演角色:海伦·艾利斯沃斯
导演:理查德·布鲁克斯

1956
《巨人传》
(*Giant*)
扮演角色:莱斯利·林顿·
贝尼迪克特
导演:乔治·斯蒂文斯

1957
《战国佳人》
(*Raintree County*)
扮演角色:苏珊娜·德雷克
导演:爱德华·迪麦特雷克
★ 本片获奥斯卡最佳女主
角提名。

1958
《热铁皮屋顶上的猫》
(*Cat on a Hot Tin Roof*)
扮演角色:猫咪玛吉
导演:理查德·布鲁克斯
★ 本片获奥斯卡最佳女主
角提名。

1959
《夏日惊魂》
(*Suddenly, Last Summer*)
扮演角色:凯瑟琳·霍利
导演:约瑟夫·L·曼凯维奇
★ 本片获奥斯卡最佳女主
角提名。

1960
《神秘的气味》
(*Scent of Mystery*)
扮演角色:真实的萨丽(客串)
导演:迈克尔·安德森

1960
《青楼艳妓》
(*Butterfield 8*)
扮演角色:格丽娅·旺德劳斯
导演:丹尼尔·曼
★ 本片荣获奥斯卡最佳女
主角奖。

1963
《埃及艳后》
(Cleopatra)
扮演角色：克里奥佩特拉
导演：约瑟夫·L·曼凯维奇

1963
《大饭店》
(The VIPs)
扮演角色：弗朗西丝·安德罗斯
导演：安东尼·阿斯奎斯

1965
《春风无限恨》
(The Sandpiper)
扮演角色：劳拉·雷诺兹
导演：文森特·明奈利

1966
《灵欲春宵》
(Who's Afraid of Virginia Woolf?)
扮演角色：玛莎
导演：迈克·尼科尔斯
★ 本片荣获奥斯卡最佳女主角奖。

1967
《驯悍记》
(The Taming of the Shrew)
扮演角色：凯瑟琳娜
导演：佛朗哥·泽菲雷里

1967
《浮士德游地狱》
(Doctor Faustus)
扮演角色：特洛伊的海伦
导演：理查德·伯顿、内维尔·科格希尔

1967
《禁房情变》
(Reflections in a Golden Eye)
扮演角色：莉奥诺拉·彭德顿
导演：约翰·休斯顿

1967
《孽海游龙》
(The Comedians)
扮演角色：玛莎·皮内达

导演：彼得·葛林威尔

1968
《富贵浮云》
(Boom！)
扮演角色：弗洛拉·"茜茜"·戈福思
导演：约瑟夫·罗西

1968
《沧海孤女恨》
(Secret Ceremony)
扮演角色：勒诺拉
导演：约瑟夫·罗西

1969
《安妮的千日》
(Anne of the Thousand Days)
扮演角色：交际花(客串)
导演：查尔斯·加洛特

1970
《人间游戏》
(The Only Game in Town)
扮演角色：弗兰·沃克
导演：乔治·斯蒂文斯

1972
《爱情你我他》
(X, Y, and Zee)
扮演角色：Z·布莱克利
导演：布赖恩·G·赫顿

1972
《牛奶树下》
(Under Milk Wood)
扮演角色：罗丝·普罗伯特
导演：安德鲁·辛克莱尔

1972
《奇男奇女奇情》
(Hammersmith Is Out)
扮演角色：吉米·琼·杰克逊
导演：彼得·乌斯蒂诺夫
★ 本片获得银熊奖最佳女主角奖。

1973
《守夜》
(Night Watch)
扮演角色：艾伦·惠勒
导演：布赖恩·G·赫顿

1973
《春回情断》
(Ash Wednesday)
扮演角色：芭芭拉·索耶
导演：拉里·皮尔斯

1974
《司机的座位》
(Identikit)
扮演角色：丽莎
导演：吉塞皮·帕特洛尼·吉费

1974
《娱乐春秋》
(That's Entertainment)
扮演角色：泰勒本人
导演：小杰克·哈利
★ 据泰勒讲，《娱乐春秋》是米高梅公司为了庆祝公司成立50周年而发行的一部短片合辑。

1976
《青鸟》
(The Blue Bird)
扮演角色：光明之后/母亲/女巫/母爱
导演：乔治·库克

1977
《小夜曲》
(A Little Night Music)
扮演角色：德塞利·阿姆菲尔德
导演：哈罗德·普林斯

1979
《冬季残杀》
(Winter Kills)
扮演角色：洛拉·科曼特(客串)
导演：威廉·里克特

1980
《破镜谋杀案》
(The Mirror Crack'd)
扮演角色：玛丽娜·拉德
导演：盖伊·汉弥尔顿

1981
《种族灭绝》
(Genocide)
扮演角色：解说
导演：阿诺德·施瓦茨曼

1988
《少年托斯卡尼尼》
(Young Toscanini)
扮演角色：那蒂娜·布里乔夫
导演：佛朗哥·泽菲雷里

1994
《石头城乐园》
(The Flintstones)
扮演角色：珀尔·斯拉欧普尔
导演：布莱恩·莱温特

电视电影和电视剧

1970
电视系列剧《露茜在此》
(Here's Lucy)中的一集
扮演：自己
导演：未知
该剧最著名的一集也许就是理查德·伯顿和伊丽莎白·泰勒客串的这一集。剧中露茜(露茜丽·鲍尔)试戴他们那颗著名的钻石，不料卡在手指上怎么也摘不下来。

1973
《缘尽情未了》
(Divorce His, Divorce Hers)
扮演角色：简·雷诺兹
导演：华里斯·赫辛

1976
电视电影《恩德培的胜利》
(Victory of Entebbe)
发行公司：美国广播公司
扮演角色：埃德拉·维朗夫斯基
导演：马文·乔姆斯基

1981
电视系列剧《综合医院》
(General Hospital) 中的三集，1981年11月16/17/18日播放
发行公司：美国广播公司
扮演角色：海伦娜·卡萨丁
导演：费尔·索加德、阿兰·普尔茨

1983
电视电影《朋友之间》

(Between Friends)
扮演角色:黛博拉·夏皮罗
导演:卢·安东尼奥

1984
电视系列剧《旧金山酒店》
(Hotel) 中的一集《亲密的陌生人》
扮演角色:凯瑟琳·科尔
导演:文森特·麦艾维迪

1984
电视系列剧《我的孩子们》
(All My Children)
扮演角色:城堡董事会成员
导演:未知

1985
电视电影《仙境绑架案》
(Malice in Wonderland)
扮演角色:劳拉·帕森斯
导演:格斯·特里哥尼斯

1985
电视系列剧《南北乱世情》
(North and South)
扮演角色:康蒂夫人
导演:理查德·T.海弗朗

1986
电视电影《一定有匹小马》
(There Must Be a Pony)
扮演角色:玛格丽特·悉尼
导演:约瑟夫·萨金特

1987
电视电影《扑克俏佳人》
(Poker Alice)
扮演角色:爱丽丝·莫菲特
导演:亚瑟·阿兰·塞德尔曼

1989
电视电影《青春浪子》
(Sweet Bird of Youth)
扮演角色:亚历山德拉·德尔·拉戈
导演:尼古拉斯·罗格

1992
电视系列剧《辛普森一家》
(The Simpsons) 中的《丽萨的第一句话》
扮演角色:玛吉·辛普森(配音)

导演:马克·克兰德

1992
动画电视剧《地球超人》
(Captain Planet and the Planteers)
扮演角色：安德鲁斯夫人(配音)
导演:未知

1993
电视系列剧《辛普森一家》
(The Simpsons)
扮演角色:自己
导演:未知

2001
电视电影《这些老娘儿们》
(These Old Broads)
扮演角色:贝里尔·马森
导演:马修·戴蒙德

2001
电视系列剧《上帝,魔王和鲍勃》
(God, the Devil and Bob) 中的一集《上帝的女友》
扮演角色:萨拉(配音)
导演:丹·福西特

获奖及荣誉

1958
在《热铁皮屋顶上的猫》中扮演玛吉,获奥斯卡最佳女主角提名、英国电影和电视艺术学院奖最佳外语片女演员提名。

1959
在《夏日惊魂》中扮演凯瑟琳·霍利,获奥斯卡最佳女主角提名、金球奖最佳女主角。

1960
在《青楼艳妓》中扮演格丽娅·旺德劳斯,获奥斯卡最佳女主角、金球奖最佳女主角提名。

1966
在《灵欲春宵》中扮演玛莎,

获奥斯卡最佳女主角、英国电影和电视艺术学院奖最佳英国女演员、金球奖最佳女主角提名、美国电影评议会奖最佳女演员、纽约影评人协会奖最佳女演员、金球奖世界电影最受欢迎女演员提名。

1968
在《驯悍记》中扮演凯瑟琳娜,获英国电影和电视艺术学院奖最佳英国女演员提名、小鹿斑比奖(欧洲媒体奖)。

1969
金球奖世界电影最受欢迎女演员提名。

1972
在《奇男奇女奇情》中扮演吉米·琼·杰克逊,获柏林世界电影节银熊奖最佳女主角。在《爱情你我他》中扮演齐·布莱克利获意大利大卫奖最佳外国女演员。

1974
在《春回情断》中扮演芭芭拉·索耶获金球奖最佳女主角提名、金球奖世界电影最受欢迎女演员。

1977
速食布丁社团 (哈佛大学)"年度女性"奖。

1980
西蒙·维森塔尔杰出服务奖

1981
特殊剧评人奖
《小狐狸》首场演出获托尼奖。
(戏剧)最佳女演员提名

1985
好莱坞外国记者协会颁发的塞西尔·B·戴米尔终身成就奖(金球奖)。
法国电影女性水晶奖

1986

林肯中心电影协会荣誉奖

1988
法国军团荣誉勋章,以表彰其为美国艾滋病研究基金会所做的工作。

1992
西班牙阿斯图里亚斯王子奖,以表彰其为美国艾滋病研究基金会所做的工作。

1993
美国电影学会终身成就奖
奥斯卡琼·赫肖尔特人道主义奖

1998
银幕演员协会(SAG)终身成就奖

1999
英国电影和电视艺术学院终身成就奖

2000
大英帝国爵士
同性恋反歧视同盟先锋奖
玛丽安·安德森奖

2001
总统公民奖章

2002
肯尼迪中心荣誉奖

2005
英国电影和电视艺术学院洛杉矶分部颁发的邱纳德大不列颠国际艺术卓越奖。